Dedicado a:

____

De:

____

Fecha:

____

Las Semillas del Éxito

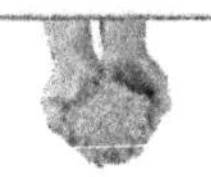

Las Semillas del Éxito

César Lacayo

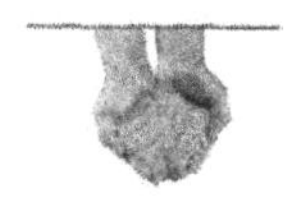

Las Semillas del Éxito

por César Lacayo

Producciones Intercelac
César Lacayo
PO Box 441806
Miami, FL 33144
cesarlacayo1@yahoo.com

Segunda Edición, 2011

Las Semillas del Éxito... patrocinado por American Fraternity

Primera edición 2006

Portada diseñada por:
BravoGD/Luis Bravo

Diseño interior y diagramación por:
Patricia Soler

Categoría:
Inspiración Motivacional y Auto ayuda

ISBN: 978-958-8285-46-7

Impreso en Colombia

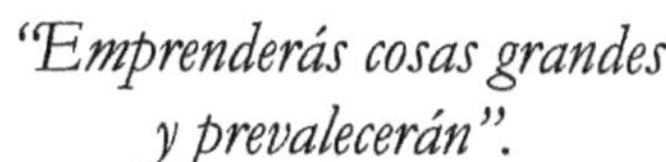

*"Emprenderás cosas grandes
y prevalecerán".*

1 Samuel 26.25

*"El único límite a nuestra realización
de mañana son nuestras dudas de hoy".*

Franklin Delano Roosevelt

*"Hay un mejor camino para todo.
Encuéntralo".*

Thomas Edison

*"Una persona puede ser todo lo feliz
que sea capaz de ser en su mente".*

Abraham Lincoln

∽∽ 1 ∼∼

Eres la cúspide de las maravillas de la creación. No existe otra que te iguale. Resultado de un milagro de amor. La más formidable de las criaturas. El modelo más perfecto... ¡Eso eres tú!

∽∽ 2 ∼∼

Todos los libros escritos se proyectan hacia ti. Todas las mentes trabajan en la búsqueda de tu bienestar. La tecnología, ciencia, estudios, descubrimientos, nuevos avances científicos están encaminados a mejorar tu vida y el ambiente en donde te desenvuelves.

∽∽ 3 ∼∼

Tienes la facultad de trascender más allá del tiempo y del espacio a través del pensamiento y de tus acciones. Eso te hace el milagro número uno de la naturaleza.

∽∽ 4 ∼∼

Cuentas con un alma y un espíritu dentro de tu cuerpo para realizar tus sueños. Puedes dar lo mejor de ti en cada esfuerzo del trabajo que realices. Eso te hace el mejor en lo que haces.

∽∽ 5 ∼∼

Eres un milagro viviente, desde los primeros instantes, en busca de identidad como persona en tu primera gran batalla microscópica por la supervivencia. Corrías con el modelo de tu plano genético. Venciste entre millones de semillas de vida infinitamente pequeñas. Visibles sólo a través del ojo del microscopio. ¡Eso eres tú!

6

Libraste una batalla dentro de un universo molecular. Corrías en la oscuridad de la nada entre millones y millones de posibilidades. Te coronaste ganador en esa formidable contienda por la vida. Sólo se admitía un triunfador... ¡tú!

7

En el principio, ibas corriendo hacia la conquista de la vida. Portabas en 24 cromosomas la herencia genética de tu padre y sus antepasados. Corrías al encuentro en el óvulo materno del complemento de otros elementales 24 cromosomas. Agentes genéticos de la herencia de tu madre y sus antepasados. Al fusionarse en uno, dio origen a una célula de vida: tu vida. ¡Ése eres tú!

8

Jamás, mientras vivas, volverás a librar una batalla tan extrema y decisiva, como la librada en el silencioso universo de tu madre, cuando recién empezabas a vivir.

9

Ninguna circunstancia, problema o fracaso podrá ser tan extremo que no puedas con él. Hay en ti un linaje de guerrero. Éste te da la habilidad de imponerte sobre el quebranto y el fracaso.

10

Toda situación tiende a fortalecerte y a enriquecerte en lugar de debilitarte.

11

Cuando empezó tu vida, podrían haberse creado millones de personas como tú. Pero eso no ocurrió. ¡Naciste tú!

12

¿Te has detenido a pensar alguna vez que podrías haber muerto en el momento de nacer? Pero eso jamás aconteció. Naciste tú provisto de habilidades y dones; de todo lo necesario para asimilar con éxito el medio ambiente. Capacitado para afrontar cualquier adversidad que éste presentara para tu seguridad.

13

Llegaste al mundo provisto de una piel limpia y saludable. Para protegerte del frío y el calor. Se renueva a sí misma. De un cuerpo que es la maquinaria humana más extraordinaria. La más sorprendente estructura de todos los tiempos. Superior a todo lo creado. ¡Eso eres tú!

14

Tienes habilidad para decidir; poder de elección entre el bien y el mal.

15

El privilegio de discernir te diferencia de los animales, destaca tu modelo y te hace superior.

16

No existe ni existirá en toda la población mundial otro ser humano como tú. Eres diferente y único. Distinto a más de 6.7 billones de seres humanos. No existe ni existirá otro ser como tú. Eres una especialísima obra de arte. Tus huellas digitales son únicas. No se igualan ni se parecen a ninguna otra en el mundo. ¡Eres único como tus huellas!

17

Eres una persona especial. Con identidad propia. Un ciudadano del universo nacido con un propósito.

18

Estás hecho de blancos huesos; venas, arterias y músculos. Provisto de cabeza, tronco y extremidades. Cubierto de una fina capa de piel. Portador de un vigoroso corazón que bombea y purifica tu sangre; lleva el oxígeno a todos los rincones de tu cuerpo. Tienes ojos para ver, oídos para oír; sentidos y emociones. Puedes sentir frío o calor. Oler. Tocar. Reconocer la diferencia entre la roca y la rosa. Puedes llorar; reír. Cantar o escribir. Estar triste o alegre. Trabajar o construir. Tu memoria es el más grande archivo. Puede guardar en él cada olor, color, sabor, recuerdo o sonido. Puedes pensar y moverte. Eso es lo que no puede hacer ni una montaña ni una estrella. Eres un hombre con libertad de pensamiento, de acción, de movimiento. Con habilidad y dominio para dirigir tu vida. ¡Ése eres tú!

19

Tienes la habilidad de hablar para comunicar tus pensamientos. Puedes escribir; transmitir emociones. Puedes elegir entre el bien o el mal o entre lo positivo y lo negativo de la vida. Elegir entre la verdad y la mentira. El amor o el odio. El perdón o la venganza. Entre construir o destruir. La esperanza o la desesperación. Entre el trabajo o la ociosidad. Entre orar o maldecir. Entre sembrar semillas de vida o de muerte. ¡Ese eres tú!

20

¿Quién más si no tú? Un ser especial entre lo especial. Con capacidad de amar, de entrega, de darse a sí mismo, desgastarse por otro. Paciente, benigno, bondadoso, con dominio propio; transparente, sincero, entusiasta. Motivado para inspirar a otros a ser entusiastas, mejores personas. ¡Ése eres tú!

21

Un ser nacido para crecer, desarrollarse en actitud y conocimiento. Nacido con un propósito. ¡Ése eres tú!

22

Da gracias por este día de vida. Por el privilegio y la oportunidad de poder ver y disfrutar este nuevo amanecer. Podrías no haber despertado esta mañana. Estás vivo. Dale gracias a Dios por estos momentos adicionales de vida.

23

Hoy muchos han partido para siempre. No han tenido el privilegio de disfrutar de esta brillante y soleada mañana que todavía tus ojos pueden ver. No han podido levantarse a caminar sobre las horas de este día. No han podido deleitarse con el sol que te alumbra y te calienta los huesos. No han podido ver un pedazo de cielo. ¿Podría parecerte esto insignificante? Sin embargo, es grandioso, porque estás vivo.

✿ 24 ✿

Da gracias por los retos y desafíos de este día que te exhortan a superarlos; por los problemas que necesitan ser resueltos y fortalecen al ser superados. Por estas horas que puedes disfrutar la compañía de los tuyos. Por desafiantes o inmensos que parezcan los problemas, todavía los puedes resolver. Aún estás a tiempo de encontrar soluciones. Ése es tu trabajo en este día.

✿ 25 ✿

Cuentas con el reloj del tiempo a tu favor. Puedes luchar. Esforzarte de verdad. Mantener el entusiasmo y la esperanza en alto. Aún puedes pensar, organizar, planificar, enfocar, elegir y corregir. Puedes pedir ayuda, reorganizar, crear nuevas alternativas, construir posibilidades y caminos. Todavía puedes sembrar entusiasmo, fe, pasión y amor en las cosas que haces. Puedes abrir nuevas puertas. Puedes hacer camino, apartar rocas y seguir andando.

✿ 26 ✿

Detente por un momento a mirar los pájaros volando bajo el cielo; a oír su canto libertario, a oler la fragancia de las flores, donde se abrazan todas las primaveras; a contar estrellas en las noches como lo solías hacer en los días de sueños inmensos de la infancia. Puedes decir un "te quiero", un "te extraño", un "te espero", un "regresa" o un "te amo". Puedes apretar una mano o sólo sonreír; besar una mejilla, oír a un niño, perdonar o amar aprendiendo a olvidar. Ser compasivo. Detente un momento fuera del alboroto del mundo. Detente a oír tu corazón latiendo, y tu vida continua corriendo en la balanza del tiempo.

27

Hoy es tu día de vivir. Puedes decir: "Hoy comienzo una nueva vida". Hoy me alejaré para siempre del resentimiento, del enojo, del rencor y la amargura que sólo dejan pérdidas, contaminación, destrucción, enfermedad y malos momentos. Hoy he decidido vivir.

28

Hoy comienza un nuevo día. Puedes decidirte a ser valiente. Romper con el hábito de la tristeza, de auto compadecerte y de quejarte de todo. Hoy puedes dedicarte a utilizar este tiempo de vida, que Dios te ha dado, como el regalo más preciado que tienes. Anímate a trabajar con entusiasmo y decisión con lo que tienes y lo que eres.

29

Vivir este día es suficiente motivo para ser agradecido. Tienes una nueva oportunidad. Un nuevo tiempo para luchar; para hacer lo que sabes que debes hacer sin postergarlo.

30

No pienses en lo que no tienes, porque esos pensamientos te impedirán ver la grandeza de las maravillosas cosas que tienes. Y lo que ahora tienes, es el camino a lo que no tienes. Por eso, lo que tienes debes administrarlo; cuidarlo como un tesoro. Pero, para poder cuidarlo, multiplicarlo o compartirlo, debes estar consciente de la importancia y lo valioso de lo que tienes. ¿Alguna vez has hecho un inventario de tu propia riqueza?

31

Tienes dos opciones: Pensar positivo o negativamente. Lo primero te da ganancias y perspectiva. Lo segundo produce miseria y pérdidas. Sin embargo, tienes libre albedrío. Tuya es la elección. Nadie puede obligarte a elegir. En ambas elecciones, obtendrás resultados. ¡Escoge hoy tu cosecha!

32

Tienes derecho a la felicidad durante este viaje; derecho y libertad para esforzarte por ser feliz. La felicidad está hecha de fragmentos de alegrías en los pergaminos del corazón.

33

El derecho a la felicidad no es un pasaporte al libertinaje. No es un credencial hacia la subcultura de violencia y atropello. No es un salvoconducto a los matrimonios en serie al estilo de Hollywood. El camino a la felicidad está dentro de ti como la cura para el quebranto y el dolor. Las respuestas están escritas en el libro del corazón y en los pergaminos del pensamiento.

34

Piensa positivo para actuar positivo, y obtendrás resultados positivos.

35

Deja que la palabra "posible" sobresalga en tu memoria. Permite que alce vuelo en tu mente la palabra "posibilidad". Dale oportunidad en tu corazón como en tu pensamiento para que algo ocurra.

Deja fluir ese poder dentro de ti. Desata esa energía orientada a lograr tu propósito.

36

El cambio hace la diferencia. Si continúas haciendo lo que siempre has hecho, los resultados serán siempre los mismos. Para obtener desenlaces diferentes y nuevos, deberás hacer cosas distintas. Ése es el secreto para que ocurran cosas nuevas en tu vida... cambiar la manera de pensar.

37

Necesitas determinación para empezar a tener éxito. Valor de atreverte a dar el primer paso. Proponerte hacerlo y salir adelante. Decisión para hacer algo. Ése es el secreto para que puedas lograr lo que deseas.

38

La cura está en tu interior. Buscar en el exterior, es como seguir una huella en el mar o en el viento. Todo está en tu corazón.

39

Todo está dentro de ti. Ahí están tus sueños, tristezas, emociones, fracasos, aspiraciones, frustraciones, recelos, amores, resentimientos y bondades. Están las luchas, las inspiraciones, las decepciones, las dudas y los temores. Se confrontan pensamientos y emociones. Es como un centro médico o un gran laboratorio dentro de ti. Ocúpate de mantenerlo limpio, saludable y en orden. Abre las ventanas del alma para que corra un aire fresco, de saludables y renovados pensamientos como el aire de las montañas... transparentes como los ríos, luminosos como un nuevo nacimiento de esperanza y de libertad. Abre las puertas del alma para que penetre el sol, la luz, la palabra sanadora; para que, en las estaciones del corazón, se pasee el espíritu de Dios.

40

El amor es la cima y la esencia de todo lo que eres.

41

Aprende a ser tú mismo. Tú sin rostros superpuestos de otros. Tú como una creación especial de Dios. Tú resultado de tu realidad y tu verdad. Dueño de tu rostro, de tu sonrisa y de tus palabras. Dueño de tus gestos, de tu creatividad, de tu imaginación, de tu vida; sin mentiras. Atrévete a ser la verdad de lo que eres. Serás cien millones de veces más que nada.

42

Suavidad y dulzura son la equivalencia de sabiduría y fortaleza. La dureza es patrimonio de la debilidad y la ignorancia.

43

Una mentira es el camino a otra y a múltiples mentiras. Una sola mentira tiene la facultad de crear incontrolables legiones de mentiras.

44

Date, a ti mismo, de verdad y sin reservas. Observa cómo los astros alumbran y embellecen la noche, y nada esperan. Fíjate cómo corre la música con las aguas de los ríos, y funde su armonía con el aire y el paisaje, o como el sol acaricia al besar la semilla con sus labios de luz. Darte, a ti mismo, es parte de tu propia simiente.

45

¡Atrévete a crecer o te quedarás pequeño!

46

Piensa que puedes. Por un instante piensa que puedes antes de proponerte otro objetivo. Recuerda las veces anteriores que has triunfado. No temas ni te acobardes frente a los nuevos desafíos. Se valiente y pionero. Aplica la experiencia, el conocimiento acumulado, y mantén el entusiasmo en alto.

47

Somos el resultado de lo que confesamos y creemos; no puede ser de otra manera.

48

Podrás hacer cosas increíbles, sorprendentes y maravillosas, el día que pienses que es posible y lo empieces a hacer.

49

Eres mucho más grande que la adversidad. Superior a los problemas y a las circunstancias pasajeras. Creador de alternativas y caminos. Un diccionario de posibilidades a descubrir. Llevas dentro, el inacabable potencial de una mente ilimitada. No te auto limites, creyéndole la mentira al "no puedo".

50

El águila extiende sus alas para emprender el viaje a las alturas.

51

No careces de habilidades ni talentos para hacer grandes cosas con tu vida. ¡Anímate! Haz esas cosas buenas que inspiran y motivan a otros a vivir. A luchar por sus sueños. Esfuérzate por hacer, de este mundo, algo mejor de lo que has encontrado.

52

Sólo necesitas saber lo que quieres y que puedes alcanzarlo. El siguiente paso es ponerte a trabajar para lograrlo.

53

Dios tiene para ti "planes de bienestar y no de calamidad". Quiere darte "un futuro y una esperanza". (Jeremías 29.11). No quiere verte vencido ni derrotado, ni viviendo sin hacer camino ni ser "fructífero". Quiere verte "multiplicando" tus talentos; sembrando "semillas" que lleven "fruto", y "árboes" que "den frutos con semillas". (Génesis 1.29).

54

Vive tu vida en pensamientos y obras, caminando hacia adelante. Llevas puesta una corona de dominio sobre tu cabeza.

55

En ti comienza el triunfo o la derrota, de acuerdo a la palabra que más creas. De ti depende la elección.

56

La decisión para empezar está en tu corazón.

57

Mira en la adversidad, como en las pruebas, un camino hacia el éxito y el crecimiento personal.

58

No te puedes dejar abatir por las tormentas de la vida. Mantén la fe en las horas oscuras y difíciles.

Recuerda que tu espíritu es un soplo del espíritu de Dios; en él arde, Su fuego líquido de oro y de entusiasmo.

~ 59 ~

Tu fe es el reflejo de tus obras, y éstas, la imagen de tu fe. Tus obras y tu fe son el resultado de lo que tu vida es. El árbol de uvas no produce peras; la uva es su fruto. El bien produce frutos de buenas obras como el árbol de uvas. La obra no es contraria a la fe, ni la fe contradice a la obra.

~ 60 ~

Un granjero tenía sus tierras, pero decidió no sembrar en ellas ninguna semilla; pues tenía temor a las plagas o a las adversidades que pudieran atacar la cosecha. Cuando llegó el tiempo de la bonanza, los que sembraron sus campos recogieron los frutos de su trabajo. Pero el granjero que no sembró no tenía nada que recoger. ¿Qué podía recibir de las tierras si no dejó caer en ellas una sola semilla?

~ 61 ~

Siembra semillas de sueños, de trabajo; semillas de amor, de vida; semillas de creatividad, de esperanza; semillas de fe, de actitud; semillas de ánimo, de consuelo, de bondad. Multiplica el árbol de tu propia simiente.

൭൭ 62 ൬൬

Disfruta ahora este momento de vivir. Camina hacia tu sueño, convencido de que puedes llegar. Mantén el puerto retratado en tus ojos.

൭൭ 63 ൬൬

Imagínate, sólo por un momento, que desaparecen todos los temores de tu mente. Practica el hábito de imaginarlo, y descubrirás el maravilloso poder del pensamiento.

൭൭ 64 ൬൬

El pesimista mira en la lluvia la contrariedad de mojarse. El optimista mira la bendición de la lluvia. El pesimista mira el sol como estorbo. El optimista agradece el calor que lo calienta y lo alumbra. El pesimista desprecia la tierra. El optimista la bendice por el fruto que sale de ella. El pesimista le repugna la cosecha por el trabajo que implica. El optimista ve en ella la alegría de las mesas. El pesimista maldice las tierras baldías. El optimista bendice las ciudades que mira. Conforme mires el mundo, así se mostrará para ti.

൭൭ 65 ൬൬

Lucha por mantener, en alto, el valor; la esperanza. Aún en la adversidad, esfuérzate. Sé valiente. No cedas territorio al desánimo. Sacúdete el polvo del fracaso. Y, desde la derrota, proyéctate sin duda a la victoria.

66

Has venido a este mundo para ser cabeza y no cola. Para estar arriba y no abajo. Para mirar las cumbres entre cielos y estrellas. Para ser, águila, no hormiga. Extiende tus alas y elévate para que descubras las distancias que puedes recorrer.

67

No te des por vencido. No te derrotes a ti mismo antes de empezar. Date la oportunidad de ganar. De verdad, vale la pena que lo hagas. Sólo se requiere decisión.

68

Piensa y actúa sin limitaciones por un sólo minuto cada día. Te acostumbrarás al nuevo hábito de pensar sin límites. Al final de un año, habrás acumulado 365 minutos de grandeza. Más de 21.900 segundos de victoria.

69

Cuando todo empeore, no te rindas, lucha. Luchar es no ceder a la derrota. Luchar es insistir en avanzar. Luchar es creer en la victoria aun en las aguas del naufragio. Luchar es vivir la fe que vencerás. Luchar es la esperanza de persistir. Luchar es jamás perder el entusiasmo. Luchar es sentir la vida que, en la sangre, te recorre. Luchar es tener a Dios en el espíritu y en la mente. Luchar es creer que puedes aunque, delante de ti, se levanten imposibles. Luchar es entender que has nacido para crecer. Luchar es defender la foto de tus sueños. Luchar es creer que puedes cuando todo empeora. Luchar es, desde la noche, seguir la ruta de la luz. Estás aquí para cumplir el propósito de tu visión. No estás solo. Dios camina junto a ti. Él es el dueño de los sueños.

70

Recóbrate de la adversidad. Es un proceso de sanidad mental y emocional, como cuando te repones de un resfriado. Mejora hasta restablecer la salud y la energía. Sé paciente. No trates de correr mientras te recuperas. Es como salir a jugar con un tobillo lastimado. Lo importante es que sepas que puedes reponerte, y que la salud mental está volviendo a ti. Imagina el lugar donde quieres estar. Sigue la ruta de la visión. Con ella en los ojos, te será mucho más fácil caminar y llegar.

71

Convierte tu propósito en una fotografía mental. Esto te ayudará a mantenerte en camino a la meta.

72

¿Cuál es el lugar que has visto sólo en sueños?

73

Imagina la vida que deseas
y empieza a vivirla desde ya.

74

Créele a Dios. Él puede tomarte de la mano y levantarte y hacer en ti el milagro que le pides.

75

No dejes que el desánimo te robe tus sueños. No permitas que las circunstancias te arrebaten la fe. Piensa, actúa y trabaja. Renueva el entusiasmo. Acrecienta la fe. Haz lo que sabes que debes hacer y adelante. Remóntate sobre cualquier dolor o calamidad por grande que parezca. ¡Lucha! Despierta al gigante que llevas dentro. Nada bueno puede conseguirse sin la maravillosa magia de la lucha.

76

Aplica la excelencia a lo que hagas. Concéntrate, sé cuidadoso y esmérate en hacer bien las cosas. Un trabajo bien hecho no admite omisiones o descuidos.

Recorre "el kilómetro adicional", haciendo más de lo que se espera de ti. Ésta es la oportunidad de trabajar. Es el momento de realizar grandes cosas con pasión y excelencia.

77

Eres dueño de un sueño. Pionero de un propósito. Jamás lo olvides por los vientos de crisis o desánimo.

¡Arriba el valor!
¡Levántate y anda!

Vuelve a la visión que te lleva a tu destino. Un sueño respira debajo de tu piel; y es un sueño que habita en la mente de Dios.

78

Reflexiona, ¿qué te ha llevado a extraviarte y a estar donde te encuentras? ¿Quién te robó los sueños y la fe? ¿Qué mentira invadió tu mente y la creíste? Arriba de nuevo. Retoma la actitud del entusiasmo.

79

Profundiza tu relación con el Padre Celestial. Eleva tu espíritu en un canto del alma en busca de su oído. Vendrá el abrazo de su presencia inmensa y, en tu corazón, podrás oír su voz. Derramará amor eterno de su amor infinito, y serás amado como nadie te amó.

ᘏᘏ 80 ᘐᘐ

Sé paciente. Nada te puede impedir llegar a donde quieres llegar. La lluvia perfora la roca, cayendo constante sobre ella; y acumulada en millones de gotas arrasan la montaña, la ciudad y la pradera. Mira como el viento erosiona las cumbres de los cerros, y con el tiempo, deja su huella en el paisaje. Sé paciente. También, tu momento llegará.

ᘏᘏ 81 ᘐᘐ

No te dejes consumir por los afanes de este siglo. ¿Hacia dónde te diriges? Los afanes quebrantan, ahogan y desgastan. Sin darte cuenta, te encarcelan en la insensibilidad. Absorben la vida, la energía, la paz. Te roban el tiempo de calidad. ¿Hacia dónde te diriges con tanta prisa que hoy te has olvidado de sonreír? Ibas tan rápido que te olvidaste que yo esperaba por tu abrazo.

ᘏᘏ 82 ᘐᘐ

El desánimo puede interponerse entre el camino y la visión. La ayuda de Dios siempre está disponible. Su celular alfanumérico se mantiene abierto:
Jeremías 33.3.

83

Recuerda que las situaciones difíciles también pasarán. Aunque parezca que todo está perdido, continúa insistiendo en la victoria.

84

Habla con esperanza de tu trabajo y de tus sueños; de las metas, de los planes, de las relaciones, de los hijos, de la salud, de las promesas, de las soluciones y alegrías. Habla de triunfo, de unidad, de logros, de enseñanza, de vitalidad, de vida, de energía, de prosperidad, de fe, de proyectos, de posibilidades, de aprendizaje, de amor, de Dios; de cosas buenas para que nazca el alma.

85

Orienta a otros con tu conocimiento y experiencia. Derrama luz sobre sus vidas. Aliviana sus cargas para que sean más llevaderas con tu ayuda.

86

Las palabras llevan fruto. Pueden ser aire o caricia o beso o abrazo. Ser lágrima o sonrisa. Amor o esperanza. Ternura o poesía. Ser brisa o lluvia. Río o mar. Fuentes de vida o plantaciones de muerte. Semilla de sueños o frutos de alabanza. Cuida tus palabras, pues en ellas, hay semillas de poder y de milagros.

87

Todo lo que necesitas para la vida se te dio en el momento de nacer. Has sido dotado de innumerables habilidades y talentos. Tienes poderes especiales de autoridad y de elección. Privilegios que ni a los ángeles se les concedió. Todo está en ti. Desarrolla tus talentos para ver el fruto.

88

Cada mañana agradésele a Dios el privilegio de vivir un día más. Luego, mírate al espejo y regálate la más alegre de todas tus sonrisas. ¡Empiezas a vivir el más extraordinario día de tu vida!

89

Para ser entusiasta, anímate, y actúa con entusiasmo. Para ser alegre, actúa con alegría, atrayendo sentimientos de alegría. Para ser valiente, actúa con valor, atrayendo a tu vida pensamientos de valor. Para ser positivo, piensa y actúa, atrayendo pensamientos positivos. Si te sientes triste, intenta sentirte alegre, atrayendo alegrías a tu vida. El estado de la mente es una decisión. Depende de ti. No de las circunstancias.

90

Sé consciente de que hoy puedes ser mejor que ayer y mañana mucho mejor que hoy. Cada día que vives, eres mucho mejor que el día anterior. Acumulas más experiencia, más conocimiento, más valor. Alcanzas mayores niveles de crecimiento espiritual. Creces conforme te esfuerzas a favor de tus aspiraciones. Este esfuerzo te hace superior a lo que siempre has sido.

91

El orgullo y la soberbia son un camino a la destrucción y la muerte. Sentimientos tan poderosos que originaron el levantamiento de Luzbel contra la autoridad de Dios.

92

Libérate de la enfermedad del resentimiento. Perdona y olvida aunque te duela perdonar y olvidar. No le des cabida al odio ni a la amargura que destruye la vida; enluta la memoria, ciega la razón, contamina el alma y seca el corazón. Practica el perdón como un estilo de vida de grandeza y de humildad. La capacidad de perdonar te hace superior. Perdona y sigue andando. Borra el dolor de la memoria, regala libertad, abre un camino nuevo a la esperanza. ¡Atrévete a ser diferente!

93

Si recurres a tu Banco Mental de Recuerdos, ¿cuáles son las diez bendiciones más grandes de tu vida presente?

1. ____
   ____

2. ____
   ____

3. ____
   ____

4. ____
   ____

5. ____
   ____

6. ____
   ____

7. ____
   ____

8. ____
   ____

9. ____
   ____

10. ____
    ____

94

Sepárate de las cosas que te hacen daño y destruyen tu vida. Lo que la afecta, lleva sufrimiento, y altera la salud y la mente. Aleja el temor y la indecisión que atan, limitan e impiden caminar. Separa de ti lo que niega tu derecho a ser persona y realizarte. Lo que te obstruya el derecho a luchar por superarte. Aléjate de lo contrario al bienestar, al desarrollo personal y al crecimiento espiritual.

95

Viviste un proceso de desarrollo de nueve meses en el vientre de tu madre. Cumplido este ciclo, se completó el tiempo de nacer. Llegaste provisto de todo lo necesario para sobrevivir y tener éxito. Un sueño tiene su propio proceso de nacer. No es posible acelerar el tiempo o las estaciones ni las mareas. Todo tiene su tiempo. Las cosas nacen en su momento de nacer, al igual que en el árbol la fruta evidencia su tiempo de madurez.

96

Si necesitas un milagro, primero debes creer que existen; entonces, comenzarán a realizarse en tu vida.

97

En la quietud y en el silencio, hallarás la verdadera fortaleza; cuando a solas converses con tu "yo", ese personaje con quien muy poco acostumbras a conversar.

ৎ৯ 98 ৎ৯

Mantén vivo un lenguaje de esperanza, de serenidad, de sosiego, de prosperidad, de crecimiento, de paz; de armonía contigo y con la vida. Tus días se tornarán llevaderos, tranquilos y felices.

99

Desear prosperidad es el paso número uno para ser próspero. Atrae y confiesa con tus pensamientos prosperidad. No le des cabida en tu mente a la miseria.

100

Toma la decisión de apartarte de los errores del pasado. No insistas en las mismas equivocaciones. Analiza las razones que te llevaron a errar. Asimila los resultados. Aplica la experiencia lo mejor posible y continúa andando.

101

Libérate de las prisiones del odio. Cauteriza la conciencia. Eclipsa la mente y contamina el corazón. Anula el razonamiento. Asfixia el amor. Produce más odio y podredumbre. Atrapa entre sus redes el corazón. Hunde sus puñales en la salud. Y encierra los pensamientos en malignas y oscuras catacumbas.

102

Para cambiar de actitud, necesitas un cambio en la manera de pensar. Pensar diferente a como has pensado. Sólo así vendrán pensamientos, actitudes, gestos y resultados distintos. Persevera para conseguir ese nuevo estado de actitud mental. Es el camino para alcanzar una mejor manera de vivir.

103

Vive e involúcrate en tu vocación. Sin importar lo humilde o sencilla que ésta sea. Dedica tus conocimientos, habilidades y tiempo de calidad a su desarrollo. Por medio de ella, te proyectas como persona única. De esa manera, vendrás a ser lo mejor de lo mejor. Es tu pasaporte a la excelencia y a la riqueza. Hagas lo que hagas, hazlo con pasión; ya sea pintar o escribir, componer o cantar. Date a ti mismo en lo que hagas. Ama tu vocación como la raíz ama la tierra que la abraza. Si no puedes hacer esto por tus dones, ¿quién piensas que lo hará por ti?

104

Toca, porque llamando a la puerta, se abrirá.

୭୭ 105 ୧୧

Eres una obra maestra del Creador. Quiérete y respétate a ti mismo. No hay dos ni existirá otro igual a ti. Eres la máxima expresión de la grandeza del amor de Dios.

୭୭ 106 ୧୧

Puedes hacer cosas increíbles. Cambiar tu vida al cambiar tu manera de pensar. Sólo tienes que desearlo desde lo más profundo de tu corazón, donde flamea la llama de tu vida.

୭୭ 107 ୧୧

El riesgo es parte complementaria del éxito. Sin riesgo, no hay victoria. Arriésgate y lucha, y nuevamente arriésgate y vuelve a intentarlo; y otra vez arriésgate, una y otra vez, hasta espantar el miedo que engrilleta la vida y enjaula los sueños.

୭୭ 108 ୧୧

Vive con entusiasmo. Hazlo parte de tu estilo personal de vida. Es la llave que todo lo contagia. Es el fuego de la idea del pensamiento y del invento. Es la magia que hace visibles los imposibles. La leña donde arden las hogueras de la esperanza. La visión que se deja ver más allá del obstáculo. Es el fuego y la fe que empuja desde ti. Nunca nada grande se ha logrado sin entusiasmo. Es la barca que te invita a tomar el mando y a navegar hacia el puerto de tus sueños. Es la pasión que te quema y te dice "sigue", "no te rindas". Y, sobre todo, es el fuego de Dios, moviéndose desde ti.

109

Insiste en dar un paso cada día. Haz el intento. Esfuérzate y hazlo. Da un paso aunque lo des con timidez de niño. Aunque te parezca insignificante, dalo de todas maneras. Es tu primer paso hacia el valor. Otros y muchísimos más pasos se sumarán al primero. En una semana, habrás dado siete pasos, 180 pasos en seis meses, 365 esfuerzos habrás acumulado en 12 meses. ¿Cómo no vas a estar más cerca de la meta con 365 avances hacia ella?

110

Aprende a ser amigo en las buenas y en las malas. Es fácil ser leal cuando todo es fiesta, alegría, bienestar, seguridad, satisfacción. Lealtad es mantenerse firme en las horas de confusión, quebranto, inseguridad, fracaso, dolor o vergüenza. En estas circunstancias, muchos "leales" se pierden y los amigos se tornan escurridizos y ausentes.

111

Esfuérzate por alcanzar tus sueños. Nadie puede obligarte a tener éxito. Esa decisión es personal. Nace de ti. Puedes intentar y fallar y volverlo a intentar, y hacer que las cosas acontezcan. Puedes cambiar las circunstancias actuales e influir tu presente. Todo es posible mientras vivas. Que no te desespere la derrota. Ten el coraje de volver a empezar.

112

La fe es la llave detrás de los milagros. Materializa y hace ver lo que los ojos físicos aún no alcanzan a ver. Desencadena poderes y fuerzas sobrenaturales jamás imaginadas. Genera esperanza. Motiva a dar otro paso adicional, más allá de las posibilidades. Inspira a perseverar más allá del fracaso. Te aproxima más y más a tus sueños. La fe es la fuerza que te hace persistir y desde muy adentro te grita: "¡No te rindas!".

113

Perseverar es no rendirse. Permanecer de continuo en el camino. Es mantenerse firme frente a la tempestad. Perseverar en medio de la tormenta. Continuar adelante cuando la fe flaquea o se asusta la esperanza. Es caminar más allá de las barreras levantadas a tu paso. Es luchar. Insistir. No claudicar. Perseverar por la victoria. Es habiéndolo perdido todo, nuevamente, insistir, buscar el triunfo.

114

El amor es la expresión de la verdad más grande del corazón.

∽∽ 115 ∾∾

Para ser un pensador positivo sencillamente trabaja, piensa y actúa positivo. Actúa como piensan y actúan los positivos.

∽∽ 116 ∾∾

Acéptate como eres y no como otros quieren que seas. Sé auténtico: sé tú mismo. Es ser cien millones de veces más que nada, y no cien millones de veces menos nada. Vive tu verdad. Acéptate con sinceridad y madurez. Con virtudes y defectos. Sorprendentes cualidades forman parte de tu potencial humano. Acéptate tal como eres. Con visión y serenidad, podrás realizar cambios para mejorar el modelo ganador.

∽∽ 117 ∾∾

La luz brilla aun en las tinieblas más espesas y oscuras.

∽∽ 118 ∾∾

Las sombras se disipan cuando el amanecer se abre camino y convierte la noche en luz.

∽∽ 119 ∾∾

La ansiedad, como la depresión, es un grito de auxilio del alma. Escúchalas para despachar unidades de socorro.

ჲ 120 ჲ

La vida diaria es un continuo renacer. Esto implica podar, con frecuencia, nuestro árbol interior. Despojarlo de estrés, ansiedades, temores, miedos, dependencias, vicios, indecisiones, malos hábitos, fracasos, derrotas, tristezas y odios. Para que renazca nueva vida, nueva esperanza, nueva fe, nuevos paisajes; nuevas hojas de luz de un verde diferente.

121

Haciéndolo, es la única manera inteligente de hacer algo. Es el único método de aprender. Es la única forma de lograrlo. No existe otra manera.

122

Empezar es el único secreto; es el camino seguro para la conquista de un propósito. Intentándolo, es la única forma posible de lograrlo.

123

La verdad es la fortaleza de la paz, de lo real y verdadero. Morir a la mentira para tener el alma desprovista de máscaras. Lo que carece de amor, carece de verdad; empobrece, amontona oscuridad, destrucción y muerte.

৯৯ 124 ৎৎ

Ser valiente significa aceptar la posibilidad de que ocurra algo nuevo; la disponibilidad de dar un paso adelante encima del temor.

125

Si quieres dar con sinceridad, no pidas ni exijas nada a cambio. Es la ayuda más real y verdadera que puedes dar al que la recibe.

126

Sé quien eres: un ser humano auténticamente de verdad. La humildad comienza por aceptarte a ti mismo. La falta de aceptación lleva al auto rechazo, al aislamiento, a la apatía, a la soledad, y socava la autoestima.

127

Sólo necesitas valor y decisión para dar el primer paso. Enfrenta la vida, abriendo las puertas de las posibilidades. Es el método que te mantendrá ganador.

128

Has nacido para crecer continuamente; cuando dejas de hacerlo, comienzas a empequeñecerte.

ঌঌ 129 ৵৵

En el corazón, se imponen razones y motivos del corazón.

ঌঌ 130 ৵৵

La vida es un viaje de cambio, transformación, movimiento, esperanza y posibilidades. Un continuo comienzo y un continuo nacimiento.

ঌঌ 131 ৵৵

Aférrate a las eterna grandezas del espíritu, porque las demás cosas, como la vida, la juventud y la belleza, pasan.

ঌঌ 132 ৵৵

Elévate sobre el bullicio y encima del correr de los días; sobre esa loca carrera a todas partes. Date a ti mismo tiempo de ver y de ser, de sentir, de pensar, de disfrutar, de dar, de compartir, de sonreír, de conversar, de escuchar, de vivir, de amar, de olvidar. ¡No pierdas tu irrepetible oportunidad de vivir!

ঌঌ 133 ৵৵

¿Cómo es tu luz interior, ¿opaca o brillante? Ése es el brillo que alumbra tu alma.

134

Aceptarte a ti mismo es una actitud de amarte; de echarte al hombro la valija de debilidades y defectos. Cargar el "yo" herido. Sanar el corazón. Enderezar el rumbo. Es el principio del cambio; la ley del amor en acción y el fundamento de la sanidad interior.

135

Sólo el amor puede moverlo todo. Es el mejor de los regalos que puedes dar. Es la cura para el sufrimiento. Hace las pruebas más llevaderas. Con el amor, abrazas el alma de las personas. Es la manifestación de la dádiva de Dios al corazón del hombre. Cuando todo pase, sólo el amor prevalecerá para siempre.

136

¿Cuándo fue la última vez que dijiste: "¡Un te amo!" o "¡eres espectacular!". Si no te es posible recordarlo, es preciso que lo vuelvas a vivir.

137

Las personas tienen más cualidades que debilidades y defectos. Si aprendes a conocer más las primeras, estarás más cerca de su corazón.

138

Cuando hagas un favor, hazlo en secreto. Vuelca tu ayuda. Deja la canasta familiar en el hogar que es necesaria. Suple una necesidad de alguien. Regala un traje, un cheque, o algo que sabes que será de bendición. Ocúpate de vestir, cuidar, sanar, de amar a alguien. Ocúpate de plantar ánimo; regalar esperanza a cada vida. Mantente en el círculo continuo del amor.

139

Podría ser que nunca sepas a quién tienes frente a ti. Tal vez a un suicida o a un ángel. Sé prudente. Mantén la guardia con tus palabras. Porque puedes condenar o salvar a través de ellas. Deja que fluyan como hilos de lluvia o de vida con algo de ti y algo de Dios.

140

El perfecto dar es hacerlo sin la idea de recibir algo a cambio. Dios puso el amor en ti. Dar con amor, no es lo mismo que dar por obligación, ni suena igual. Nacimos para dar hasta que el cielo se canse de darnos a nosotros. Mira cómo el sol no se cansa de alumbrarnos ni las estrellas de brillar y dar su luz; ni las estaciones se cansan de nacer.

∽∽ 141 ∼∼

Sólo los ojos del corazón pueden entender las cosas del corazón; invisibles al ojo humano y a la razón.

∽∽ 142 ∼∼

Serénate. Mira dentro de ti. Escucha, en tu interior, ese mar que te habla como la ola a la playa.

∽∽ 143 ∼∼

¿Qué soñaste un día que harías con tu vida? ¿Qué ha pasado con tus sueños que tocaban las estrellas? El tiempo pasa como gaviotas en el viento. ¡Anímate! ¡Hecha a volar otra vez tu pensamiento! Abre tus alas, alza vuelo. Elévate como tus maravillosos cometas de la infancia. Es tu tiempo de empezar.

∽∽ 144 ∼∼

Hacer lo que te gusta con grandeza, amor y calidad es el secreto de la realización y el pasaporte al éxito.

∽∽ 145 ∼∼

Tu problema no es único. Forma parte de un conjunto de situaciones o temporalidades similares. Muchas circunstancias parecidas han afectado o afectan a otros en este instante. Los problemas miden tu fe como la tormenta mide la resistencia del roble. No temas ni desmayes porque esto pasará. Saldrás fortalecido de la tempestad. Detrás de ella, se oculta una luz de esperanza, de algo nuevo. Sé paciente y no claudiques. Recuerda que, en la debilidad, Dios hace milagros. Él es el que alienta la esperanza y te sostiene.

146

Perseverar es mantener la visión en los ojos por lejos que se encuentre; para llegar al lugar que sólo en tus sueños has visto.

147

Si eres dueño de un sueño lucha por alcanzarlo. Nadie puede amar ni trabajar ni triunfar por ti. Ése es tu compromiso.

148

Si te tropiezas y caes, levántate y anda. El niño, aprendiendo a caminar, pierde el equilibrio y cae. Se levanta. Lo intenta. Cae otra vez. Y se levanta y lo vuelve a intentar. Y, finalmente, logra sostenerse en pie.

149

Abraza y ama a los que debes amar y abrazar. No vaya a ocurrir que, cuando lo quieras hacer, ya se hayan ido.

৩ 150 ৩

Sé consciente que el tiempo pasa sin darte cuenta. Vamos pasando en instantes que jamás volverán. No escatimes abrazos ni "te quieros". Entrega todas tus semillas.

151

Sólo haciendo las cosas, podemos aprender; es decir, aprendemos, aprendiendo. ¿Qué otra forma superior existe de aprender?

152

Sólo necesitas tender una mano para levantar a alguien; solamente una mano extendida desde lo profundo del corazón.

153

Vive tus sueños con pasión porque son la fuente de la riqueza, las bóvedas de la prosperidad. Cree en las semillas que llevas dentro; no te dejes distraer por los incrédulos.

154

Si crees que "puedes" o que "no puedes", en ambos casos, tienes toda la razón.

∽∽ 155 ∼∼

No pierdas el tiempo pensando en cómo no puedes lograr lo que quieres alcanzar. Centra la atención en cómo hacerlo. Usa la mente, la imaginación, ideas, creatividad, esfuerzo e iniciativa. Estás plantando un árbol que verás dar fruto.

∽∽ 156 ∼∼

El secreto de la venta moderna es hacer una proposición de negocios para que inviertan en un sueño de beneficios y servicios. Para lograrlo, se requiere lucir y vestir profesionalmente; actuar y hablar con profesionalismo, presentar profesionalmente el sueño que se ofrece. Imaginarte logrando lo que quieras, asumir la aceptación de la valiosa mercancía, pedir que inviertan en ese beneficio; exhortar a que elijan y pedir que decidan. La vida es una venta continua. Desde que nacemos, hemos estado vendiendo. "Hasta la palabra de Dios, hay que venderla, para que pueda ser creída".

∽∽ 157 ∼∼

No te des por vencido ni te rindas con facilidad. La solución a lo que imaginas imposible podría estar más cerca de lo que te crees. Investiga; infórmate y consulta distintos medios y personas. Inténtalo todo sin rendirte, porque al hacerlo, no harás nada más por resolverlo. Archivarás el caso en el cajón de los imposibles.

꩜ 158 ꩜

La actitud es un estado mental. Tienes la capacidad de ejerces control sobre los estados emocionales. Estás dotado para sobreponerte a las tristezas y a los recuerdos dolorosos. Apela a la sanidad divina. Siempre hallarás un sanador dispuesto a derramar Su favor y Su gracia sobre ti; porque Dios se preocupa por ti y eres importante para Él.

159

Date cuenta que la noche ha terminado. Comienza un nuevo día, una oportunidad adicional para un nuevo esfuerzo. "Los obstáculos –dijo Henry Ford– son las cosas espantosas que ves cuando quitas los ojos de la meta". Mantén tus ojos en la visión.

160

Convierte tus sueños en imágenes. Piensa en ellos, como si estuvieras mirando una fotografía. Expresarse en retratos, te permite ver, como en un espejo, lo que piensas. Es la foto a colores de las ideas.

161

Los sueños son el puente hacia la realidad.

162

Una palabra de ánimo o de solidaridad puede ser la diferencia entre el desastre y la esperanza, o entre la luz y las sombras.

163

Para dejar huellas en la arena, necesitas caminar sobre ella. Dejar de ser espectador para ser protagonista. Es la única manera de aspirar a la victoria.

164

Si tienes que arriesgarte y fracasar por alcanzar el triunfo, no lo pienses dos veces: arriésgate y fracasa. Es preferible caer en el intento, que jamás intentarlo y fracasar toda la vida.

165

El miedo es el enemigo número uno de ti mismo.

166

Sacúdete la crítica. No le hagas caso. Al respecto, decía el presidente Theodoro Roosevelt: "Nos pueden criticar sólo los que están en la arena con la cara sucia por el sudor y la sangre… los que yerran y fallan, una y otra vez, y lo vuelven a intentar; porque no hay esfuerzo sin errores ni fracasos". Sacúdete la crítica y el temor a equivocarte.

ঞ 167 ঞ

Si siempre haces lo que siempre has hecho, los resultados van a ser siempre los mismos. Si haces cosas diferentes, obtendrás resultados diferentes. Empieza a hacer cosas nuevas para obtener distintos desenlaces.

168

El esfuerzo multiplica los niveles de esperanza. A mayores esfuerzos, mayores posibilidades.

169

Atrévete a vivir con esperanza, tus momentos irrepetibles de vida.

170

La fe es una semilla de Dios plantada en el hombre. Es la playa de la esperanza; la certeza de lo que se espera y la convicción de lo que aún no se puede ver. Pero tenemos la seguridad de que lo vamos a alcanzar. La confianza absoluta de que recibiremos lo que esperamos. Es creer. Es recibir antes de ver lo que aún no es visible al ojo humano. ¿Sientes temor? ¡Refuerza tu fe y crecerá tu valor!

~ 171 ~

Vive y actúa por fe. Por fe, se lucha, se prospera, se construye, se crece. Por fe, se ora, se camina, se es sano. Por fe, se es salvo y se es libre. Por fe, se bendice y eres bendecido.

~ 172 ~

El amor es la eterna estación del corazón. La eterna Navidad. La poesía, la ternura y un árbol inmenso de rostros humanos.

~ 173 ~

Cuando pienses que todo está perdido, que no hay posibilidad de cambio o mejoría, busca dentro de ti el granito más pequeño de esperanza; y levántate con Dios, en el corazón, y trata una vez más.

~ 174 ~

Si estás en la línea divisoria entre la derrota y el fracaso, la diferencia la hace un paso. ¡Dalo!

~ 175 ~

Cuida las semillas de la mente porque en ella, se gesta la vida. Mantente alerta a la mala hierba y a las plagas que ahogan la buena siembra.

ೋ 176 ೋ

Navidad es una celebración, no sólo de diciembre, sino de todo el tiempo. Cada amanecer es un nuevo día de regalo de Dios; cada molécula de aire respirado, cada rayo de luz que nos toca y nos calienta, cada estrella que alumbra para que la puedas ver; cada flor, cada rosa, cada árbol, cada espina, cada ave; cada paisaje que miran nuestros ojos, cada rostro que se encuentra con el nuestro, cada mano que nos tienden o tendemos; cada paso que damos, cada sonrisa, cada alegría, cada sueño; cada segundo de 86.400 segundos de tiempo de vida diariamente, cada pensamiento es un regalo. Cada pensamiento es Navidad. Cada Navidad es un regalo que carece de almanaque y fecha definida en el corazón. Todos los días alumbra la estrella que brilló sobre Belén. Todos los días el niño del pesebre eleva su llamado al corazón: Dios naciendo al hombre para que el hombre nazca a Dios.

ೋ 177 ೋ

No puedes vivir el presente con el miedo y los traumas del pasado; lo que pasó, no volverá a acontecerte ni te puede hacer ningún daño. Eres libre. El pasado, como el temor, sólo existe en tu mente. Disfruta tu libertad. No dejes que el miedo controle tu vida. Hay en ti "un espíritu de amor, de valor y de dominio propio". El hombre siempre busca dominio sobre sus semejantes. Hombres que, creyéndose más grandes, empequeñecen a otros tan grandes como ellos. Pero, en su necio intento, sólo logran empequeñecer su propia imagen.

~ 178 ~

El orgullo y la soberbia apelan a los "títulos" para dominar sobre otros; pero la naturaleza no reconoce diferencias.

~ 179 ~

Atrévete a dar el primer paso. Sólo eso necesitas para empezar a caminar a tu destino.

~ 180 ~

Que el temor al fracaso no sea mucho más grande que tus sueños. Que no te espante ni te paralice el temor. Sacúdete del miedo. Inténtalo de **todas maneras**.

~ 181 ~

Vale más fracasar intentando lograr algo, que no atreverse a intentarlo y fracasar. El fracaso es una escalinata en la sala de aprendizaje del éxito. Es la lección que enseña a mejorar para ser más efectivo la próxima vez.

182

El fracaso muestra los distintos ángulos de ver las cosas. Ayuda a redefinir el plan, a revisar otra vez el objetivo. Es un examen que es necesario repetir por no haber asistido a clases o por falta de preparación para el mismo. Es la oportunidad de lograr que ahora ocurra.

183

Intentar algo grande es comparado con un partido de fútbol. Corres con la pelota sobre el campo, y aunque hay obstáculos, sigues corriendo creando jugadas. Penetras al área en busca del arco; pateas lo más fuerte posible. La pelota pega en el tuvo, y ésta vuelve al campo... La tomas nuevamente, y pateas otra vez, y otra vez, y otra vez. Sabes que el partido no ha terminado, y mientras no suene el silbato final, el juego sigue. No puedes detenerte. Estás capacitado para luchar e insistir por la victoria durante los 90 minutos de partido. En la vida, como en el juego, necesitas ocupar y jugar la posición que te corresponde. No te puedes excusar; es tu partido. Estás capacitado para hacerlo.

184

No te preocupes si te equivocas. Preocúpate si no te atreves a admitir que te has equivocado. Si no lo reconoces, ¿cómo puedes evitar los errores para no repetirlos? El enfermo que no admite su enfermedad, rechaza la medicina, porque dice: "Yo no estoy enfermo, y no necesito ningún medicamento". Si no se admiten los errores, se pierde la oportunidad de corregir las equivocaciones. Además, está la puerta abierta a los mismos errores.

185

Si esperas que acontezcan un millón de circunstancias para dar el primer paso hacia la meta, no podrás lograrlo de esa forma... Saltarás sobre distintas justificaciones en busca de la semana de ocho días, o mes sin lunes, o la noche sin astros, o la primavera sin flores. Seguirás esperando que pase la vida y pasarás con ella. Actúa ahora. Concéntrate en lo que puedas hacer en el lugar donde te encuentras y con las herramientas que tengas. En esto consiste tu grandeza.

186

Concentra la energía en las habilidades y talentos que Dios te ha dado. Aprende del león, que no busca volar ni intenta hacerlo. La tortuga no es águila ni un "correcaminos"; lenta y segura ocupó su lugar en el Arca de Noé. El águila extiende sus alas y se eleva encima de las tormentas y las nubes. Cada cual tiene sus propios dones y habilidades. Ocúpate ahora de desarrollar tus habilidades y talentos. No tendrás otra oportunidad para hacerlo.

187

Escucha siempre tu corazón.

188

Si no te conformas con un "no", podrás llegar mucho más lejos de lo que te imaginas.

189

No renuncies a lo que amas si de verdad lo amas.

190

No pierdas la confianza ni minimices tu autoestima; es parte del fundamento de la verdadera fortaleza.

191

Como el día se abre a la luz, abre tu mente a las posibilidades. Toca a la puerta de la oportunidad para hacer algo nuevo y diferente. ¡Vive tu día!

192

Siembra a tu paso semillas de vida, palabras de esperanza, pan de eternidad. Enciende luz sobre la oscuridad. Sé como un faro donde las sombras luchan.

193

El secreto es animarse a hacer lo que se debe.

194

No le cortes las alas a tu mente.

195

Deja que el odio se derrita como un pedazo de hielo bajo el sol; sácalo a la luz, pues el calor lo irá borrando. Al desaparecer, te irá limpiando. Al derretirse, volverás a ser libre. Verás que se aleja… se seca… se evapora. Desaparece y ya no existe.

196

Un corazón sano produce buenos frutos, así como la buena uva produce buenos vinos. Siembra buena semilla para recoger buenos frutos.

197

¿De cuánto tiempo piensas que dispones? ¿Toda una vida? ¿50 años? ¿30? ¿25? ¿10? ¿5? ¿2? ¿1? ¿Cuánto?

¿Quién lo sabe? ¡Sólo Dios! ¡Vive la vida con grandeza como si tuvieras que partir a medianoche!

198

No te rindas frente a la adversidad. Sé valiente. Resiste un poco más. Mantén la perspectiva de que las cosas que te desaniman, pasarán. Conversa con Dios. Confía en Su favor y en Su gracia. Él es el nombre sobre todo nombre.

199

¿Qué harías si tuvieras que partir ahora mismo de este mundo? ¿Cuál sería tu legado? Si del cielo te envían un mensajero para avisarte que el Tribunal Supremo ha fallado a favor de retirarte de la tierra, y que partirías en las próximas horas, ¿cuáles serían tus últimas acciones antes de partir? ¿Harías una última llamada? ¿A quién llamarías? ¿Qué dirías? ¿Qué harías que no has hecho con tu tiempo de vida? Considérate afortunado: Aún puedes responder a esas suposiciones. Caminas y trabajas bajo este cielo que te cubre. Todavía puedes leer, respirar, vivir; realizar los deseos que guarda el corazón. Todavía tienes tiempo para alcanzar a hacer lo que deseas. Todavía puedes decir las cosas que no has dicho. Todavía puedes alentar, pensar, escribir, cocinar, sonreír. Aún tienes tiempo de amar, de crecer, de dar, de legar… Todavía puedes regalar el beso que no has dado, o cumplir la promesa que no has cumplido.

ৡৡ 200 ৡৡ

Libera tu mente del demonio del rencor. Esa bestia no tiene cabida dentro de una mente sana. Es contrario a la vida. Oscurece la visión y el entendimiento. Enferma y encadena; es egoísta, altanero, envidioso y pendenciero. Es el matón a sueldo de las emociones; miente, festeja el mal y maldice a toda hora. Mata la alegría, roba la salud, envenena; es homicida. Tiene rostro hospitalario, fachada de manicomio, sonrisa de muerte.

201

El eterno secreto del éxito, siempre será el mismo: trabajo, dedicación, entusiasmo, perseverancia, compromiso, creatividad, iniciativa y excelencia.

202

Para comenzar cualquier empresa, necesitas dar el primer paso.

203

Evita la gente necia que fastidia el espíritu y altera la paz interior. Busca la tranquilidad y la quietud de la vida. Deléitate en la serenidad. En el silencio y en la meditación, hayarás tu fortaleza.

ೋ 204 ೋ

El amor tiene caras infinitas; rostro de niño o de poema, de joven o de anciano, de mujer o de canto, de carta o de libro. De mirada o "te amo". De palabra o de gesto. De acción o regalo. De canción o guitarra. De serenidad o pensamiento. De mar o montaña. De decisión o fe. De serenidad o lucha. De esperanza o caricia. De beso o abrazo. De sonrisa o mirada. De promesa o de héroe. De millones de rostros o millones de ojos. De amor. De corazón o vida o caminata.

ೋ 205 ೋ

Las palabras conducen a la vida o a la muerte; guían a la verdad o a la mentira, al amor o al odio, al orden o al caos; a la confusión o a la serenidad, a la paz o la guerra; a la quietud o a la tormenta, al bien o al mal, a la derrota o al éxito.

ೋ 206 ೋ

Las palabras tienen la facultad de construir o destruir, según se usen; bendicen o maldicen, liberan o condenan, limpian como el agua o ensucian como el fango; conducen al sociego o a la violencia, a la sabiduría o a la intransigencia, a la bondad o a la soberbia; enaltecen o humillan, defienden o destruyen.

207

Ten en cuenta que, a mayores intentos, aumentan las posibilidades para alcanzar un propósito. Si te limitas a un sólo intento, reduces las posibilidades a uno.

208

Los grandes jugadores de todos los tiempos, no todas las veces que van al bate, anotan un "home-run", ni siempre que patean al arco, anotan un gol. No todo lanzamiento de un "superestrella" aumenta el marcador. Es la pasión y la insistencia continua la única que tiene la posibilidad de conseguirlo.

209

Los jugadores para asistir a un Mundial de Fútbol realizan prácticas agotadoramente rigurosas todo el año, para salir a jugar dos tiempos de 45 minutos cada uno.

210

La perseverancia, el conocimiento aplicado y la experiencia marcan la diferencia en cada intento para alcanzar el éxito.

211

Acostúmbrate a oír las voces de tu corazón. Hay en él, razones que la razón no entiende. Mira más allá de donde el ojo humano no alcanza a ver. Oye y sigue lo que te dice tu corazón.

212

La indecisión es la madre del fracaso y engaña de maneras diferentes. Entre otras cosas, hace ver que no es el momento de empezar: "Porque todavía…", "porque quizás…", "porque puede ser que…", "y si...", "y si no…", "y si el loro…", "y si el gato…", "y si el chihuahua" o "si el perico", o "si el mono", o "si el lagarto", "y si..."; etcétera, etcétera, etcétera. Nehemías, el profeta de Dios, dijo: "Subid al monte y traed la leña, ha llegado la hora de construir".

213

Las palabras se enlazan, de corazón a corazón, como dos mares que se encuentran y se abrazan en una sola corriente de universo y de amor.

214

La recompensa de toda buena obra está en la acción. Es la satisfacción que experimenta el corazón. Aunque nadie lo reconozca o agradezca, nadie podrá robarte el gusto de haberlo hecho. Eso es lo único que cuenta.

ஒ 215 ஒ

Todos los días es un nuevo motivo de acción de gracias. Tenemos muchísimas cosas porque sentirnos y estar profundamente agradecidos; por la vida, por el aire que respiramos, por tu salud, por tu familia; por tus hijos o por las personas que quieres y aún puedes ver y alternar con ellos. Por todo lo que tienes y llevas encima que sólo te suma ganancias. Ayer llegaste desnudo como el agua o la luz; sin nada de equipaje. Hoy necesitas muchas valijas para organizar tus pertenencias. Entonces, ¿por qué no ser agradecido?

216

Cuida el amor porque el amor se enfría; lo mata la falta de detalles y palabras. Lo ahogan la multitud de silencios sin sonidos; los gestos que lo hieren y marchitan. Las frases silenciosas que no nacen, y las que no teniéndose que decir, se dicen. Lo asfixian las soberbias; lo flagela la indiferencia, el olvido. Finalmente, lo sepultan las mentiras.

217

Piénselo dos veces antes de obrar mal, porque puede cambiar su vida para siempre.

ঌ 218 ঌ

La vida empieza a ser mejor en el mismo momento que comienzas a pensar de una manera diferente.

219

No cierres el corazón a la generosidad. Es el camino hacia la multiplicación de la riqueza.

220

El agricultor que no siembra, ¿qué puede cosechar?

221

Entiende que tu dolor no es permanente y pasará como el viento y la lluvia y la tormenta y como todo lo que pasa.

222

En la actitud frente a la adversidad, está la diferencia entre el ánimo y el desánimo. El paisaje no cambia. Es el enfoque y la actitud lo que hace mirar una salida de esperanza. Al verlo con ojos diferentes, miramos nuevas posibilidades. Ahí comienzan a cambiar las circunstancias.

~ 223 ~

Los milagros suceden todos los días. Que no estés enterado, no significa que no ocurran. Acontecen cada día y jamás dejan de ocurrir.

~ 224 ~

El primer milagro de una cadena sucesiva de milagros, se dio cuando fuiste concebido en un pequeñísimo núcleo microscópico entre millones de células; y en ti, se originó el milagro de la vida. Después de nueve meses, se cumplió el nuevo milagro de nacer. Este milagro se hizo acompañar de otros milagros: Tus facultades físicas y mentales. Podías ver, sentir, oler, tocar, reír, llorar, manifestarte. Protestar si tenías hambre o frío. Andar, discernir, soñar, andar, vivir. Desde, entonces, tu vida ha sido sostenida por el amor. Día a día recibes un milagro, y éstos se suceden uno tras otro y otro en tu vida. ¿Cuál es el último milagro que recuerdas? ¿Cuál es el próximo milagro por llegar?

~ 225 ~

Invertir la energía en cómo hacerlo, es la única manera de hacer las cosas. Ésa es la formula sencilla del trabajo.

~ 226 ~

Piensa que puedes y podrás. Es la más importante regla de la realización que Dios te ha dado a través de tu mente.

227

Pensar que sí puedes es: poder, fuerza, seguridad, convicción, fortaleza, optimismo, contagio, esperanza, fe, motivación, visualización, perseverancia, inspiración, lucha, coraje, propósito.

228

Pensar que sí puedes es desencadenar la fuerza realizadora de los sueños.

229

El corazón no puede ser obligado a dar lo que no tiene. Una fe en harapos tampoco puede ver cuando no cree.

230

Sana tu corazón y sanarás tu mente; y de esta manera, podrás sanar tu vida.

231

Puedes cambiar de vida, cambiando tu manera de pensar.

232

La aflicción sólo dura hasta abrir la ventana de la esperanza.

233

El bien y el mal siempre estarán presentes delante de ti, para que puedas ejercer tu libertad de elección.

✧ 234 ✧

Los recuerdos dolorosos del ayer no te pueden tocar ni empequeñecerte hoy.

✧ 235 ✧

La fe es el puente de comunicación, que une el hombre a Dios. Una fe vigorosa aumenta la fe, a la vez que mejora el corazón y la vida.

✧ 236 ✧

Por amor, Dios desciende al hombre y el hombre al hombre para mantenerse en Dios.

✧ 237 ✧

Atrévete a creer sin haber visto, para que puedas alcanzar a ver lo que crees.

✧ 238 ✧

Puedes estar completamente seguro de que todo problema pasará. Mañana podrás reírte de lo que hoy te asuste o te hace llorar. Lo que hoy te aflige o te perturba, para mañana no será mas que pasado.

✧ 239 ✧

Vino a predicar las buenas nuevas a los abatidos; a vendar a los quebrantados de corazón, a publicar libertad a los cautivos, y apertura a las cárceles del alma. Vino a traer esperanza, a amar y a llorar con el hombre. Lo llevaron a la cruz... y siguió amando hasta el final. En el madero, solitario, adolorido y terriblemente herido, su cuerpo entero no paraba de sangrar... se apagaba; y mientras su vida se extinguía, más inmenso y gigante fue naciendo, extendiéndose por todo el universo, y su nombre es Jesús.

240

La práctica fortalece las habilidades. Es la que hace al maestro. Entre más practiques los talentos, y habilitas más el conocimiento, la naturalidad y la soltura se harán presentes. Al dejar de practicarlos, decrecen. Dedícate con esmero al desarrollo de tus habilidades, para prepararte para alcanzar logros mayores.

241

No claudiques sin haber luchado. Los hombres famosos del libro de la historia lo integran los nombres de grandes luchadores. Se atrevieron a soñar, pero al soñar, lucharon.

242

Si dices las cosas con amor, activas la facultad de convencer.

243

Esfuérzate, desde donde estás, con lo que tengas; sin importar el lugar donde te encuentras... No te preocupes de las cosas que no tienes. No esperes comenzar cuando compres el otoño o un pedazo de la primavera o un fragmento del invierno. Sal adelante con lo que tienes. Lo demás podrás agregarlo conforme avanzas.

244

Eres dueño de tu pensamiento, no del pensamiento de otros.

245

El tiempo es el tesoro irrenovable más grande que posees. Vívelo con grandeza. Cada segundo es único. No volverás a vivir otro momento igual. No lo desperdicies, odiando o renegando.

246

El pasado ya se ha ido. No puedes cambiar nada de él. El mañana es incierto y nebuloso, y no sabes si lo puedes alcanzar. El hoy en que vives y respiras y sueñas y trabajas y amas y luchas, es la tierra que sostiene tu presente.

247

Aviva todos los días la eterna navidad del corazón.

248

Levántate todas las veces que caigas. El fracaso consiste en permanecer caído.

249

La gente conocerá más de ti, no por lo que oyen, sino por lo que miran.

250

Si estás determinado a alcanzar un propósito, estás en el camino del triunfo.

251

Atrévete a levantarte desde la derrota y el dolor. Atrévete a ser más grande que el mayor de los obstáculos. Todo momento es apropiado para empezar.

252

Corrígete a ti mismo, y podrás edificar un hombre sólido.

253

No fracasas cuando caes, más bien cuando no te levantas para seguir luchando.

254

Fe es caminar más allá de donde tus ojos no pueden ver, con la firme convicción de que podrás llegar.

255

Si descuidas los dones que hay en ti, los estás sepultando en el olvido.

256

Toma la armadura, el escudo, las armas de la verdad, de la justicia, de la fe, de la esperanza, del amor y de Dios; y sal a pelear con ellas la batalla de la vida.

257

Paz, amor, gozo, solidaridad, esperanza, fe, ternura, bondad y perdón deberían colgar como un regalo en cada árbol de Navidad.

258

Despojáte de lo viejo y lo pasado. Suelta el rencor para que comiences a vivir tu vida. Atrévete a vivir un nuevo amanecer con una mente nueva y renovada.

259

Nunca aceptes, en tu mente, la palabra "imposible".

260

Mantén tu seguridad en las manos de Dios.

261

Para asegurarse los beneficios y privilegios, es preciso cumplir primero con los deberes.

262

La actitud es una elección siempre a tu disposición. Puedes estar enfermo y mostrarte con una actitud optimista, o triste y sonreírle a la esperanza. Puedes sentirte animado o deprimido. Alegre o triste. La vida es como una caravana en movimiento mientras el corazón va filmando el trayecto.

263

Ser auténtico es ser tú mismo; dueño de tus capacidades y de tus decisiones. Es estar dispuesto a elegir con carácter y sabiduría, con convicción; no por presiones o influencias ajenas a tu voluntad.

264

La vida marcha hacia adelante como los trenes o los juegos deportivos. Ve siempre hacia adelante ¿Por qué mirar atrás si el juego está adelante?

265

El tiempo es el recurso irrenovable más valioso e insustituible que posees. Aprovéchalo lo mejor que te sea posible. Lo que pierdas por más que te esfuerces, no podrás reponerlo.

266

El secreto de triunfar es que te mantengas en ruta hacia tu meta; haciendo lo que sabes que debes hacer. De esta manera, te aproximas cada vez más a tu propósito.

267

Para alcanzar el éxito, en cualquier área de tu vida, es necesario que comiences.

268

Vivir es compartir esperanzas y sueños, frustraciones y planes; tristezas y alegrías dentro de un viaje y de una aventura irrepetible de amor y de fe dentro de este universo.

269

Si intentamos que las personas sean o piensen como nosotros, es un acto de orgullo y de soberbia; un ataque a la personalidad del ser humano. Eso jamás formo parte del plan de Dios.

270

Eleva, en la adversidad, cantos de fe; de esperanza, de lucha, de optimismo, de convicción, de triunfo, y nuevas fuerzas comenzarán a nacer en ti.

271

Hechos a la imagen y conforme a la semejanza de Dios, significa que hay en ti un espíritu de crecimiento, de amor, de valor y no de cobardía; de superación, de lucha, de esperanza, de perseverancia, de crecimiento, de perfección, de riqueza, de valor, de gratitud, de poder, de verdad, de trabajo, de excelencia, de amor, de triunfo, de gozo, de felicidad, de autoridad, de poder y de dominio propio.

272

Vences tus miedos o éstos te vencerán a ti.

273

No te detenga el miedo a tu propio miedo. Atrévete a enfrentarlo, y verás que se disipa como las sombras de la noche a las primeras luces del amanecer.

274

¿Por qué no empiezas a vivir la vida que imaginas?

275

Si sabes que algo te hace daño y no lo evitas, te seguirá dañando hasta que lo dejes de permitir.

276

Hay actitudes que edifican, otras que destruyen; actitudes que siembran, otras que arrancan; actitudes de luz, otras de tinieblas; actitudes de conocimiento, otras de ignorancia; actitudes serenas, otras desafiantes; actitudes de amor, otras de odio; actitudes que unifican, otras que dividen; actitudes de vida, otras de muerte; actitudes de ternura, otras de resentimiento; actitudes de visión, otras de tinieblas; actitudes de bondad, otras de egoísmo. Cuida tu corazón que es tu fuente de vida.

277

Observa bajo tus pies cómo la tierra del presente te sostiene, y la luz de un nuevo sol te alumbra. Alza tu mirada y sigue andando.

278

Tu trabajo es encontrar la solución del problema que te inquieta.

279

Enfrenta tu miedo y comenzarás a ser valiente; y lentamente, el miedo desaparecerá de tu vida.

280

Tu vida es como una vela o el faro de luz que alumbra a los barcos en las noches. No retengas la luz. Dala como los faros alumbran la espesura de las noches oceánicas. Entrégala como los astros en las noches inmensas orientan al marinero. Para eso, estás aquí y has venido para dar luz y alumbrar.

281

Planta en tu mente pensamientos positivos de alegría, esperanza, bienestar, y cambiarás tu vida.

282

La verdadera grandeza es medida por tu capacidad de dar amor.

283

Es difícil encontrar un corazón que ama, que no esté lleno de optimismo.

284

Si puedes creer, tu sueño es como una luz encendida, alumbrándote en la oscuridad.

285

De toda adversidad, saldrás mucho más fortalecido y equipado para la vida.

286

Un abrazo es como dos almas que, al encontrarse, se acarician.

287

Has nacido para alcanzar un nivel de vida superior; para crecer en espíritu, alma, mente y corazón. No para empobrecer tu vida con pensamientos inferiores de mediocridad, odio, resentimiento o amargura. Eres un ser humano superior; cúspide de la manifestación del amor de Dios.

288

La fe es tu escudo de combate para que; contra él, se estrellen los dardos de la desilusión, la desesperanza y las adversidades más feroces de la vida.

289

Has lo que tienes que hacer y decir, como una declaración de tu verdad, y continúa tu vida.

290

Dentro de ti, hay un gigante adormecido; si lo despiertas, descubrirás las impensables maravillas y prodigios que puedes realizar.

291

Creer que es posible y que puedes, es el secreto que desencadena los poderes de la energía, la motivación y el entusiasmo, que se necesitan para llevar a cabo cualquier propósito.

292

Protege las buenas semillas de tu mente. En ella, están los poderes de la vida y la muerte.

293

Su vida puede empezar a ser mejor ahora mismo. Empieza a pensar con el corazón.

294

No cierres las puertas de la generosidad, porque le restas multiplicación a la vida.

295

Somos como el agua, que nos evaporamos, o como la lluvia o la neblina, que desaparecen en un momento. Éste es tu día. Éste es tu tiempo que Dios hizo para ti.

296

Si vives de las circunstancias para ser feliz, te será difícil alcanzar tu destino. Mantén el gozo dentro de ti, sin importar lo que pasa a tu alrededor.

297

La vida es breve para no disfrutarla por cargar la valija del pasado o la amargura. Simplemente, decídete a vivir, a tener gozo.

298

Al gobernar sobre las emociones, ejercemos dominio propio, y no permitimos que las circunstancias nos afecten o decidan nuestra vida. Vivir es una decisión.

299

No dejes que las insignificancias te empequeñezcan, ni que el café regado, accidentalmente sobre tu vestido, cambie tu día.

300

Vive un día a la vez con esperanza. Vívelo a lo grande...

301

Disfruta tu presente como todo lo que tienes.

302

Vive tu día hoy. El mañana no ha llegado.

303

La verdadera oportunidad se inicia hoy.

୨୨ 304 ୧୧

Las circunstancias no determinan su bienestar interior, ni le pueden dictar los parámetros de su actitud.

୨୨ 305 ୧୧

La actitud positiva mejora la vida y expande la visión.

୨୨ 306 ୧୧

La tristeza, la culpa y el desánimo no mejoran ni enriquecen la vida; más bien, menosprecian la esperanza y la paz.

୨୨ 307 ୧୧

¿Por qué vivir 5 meses de problemas adelantados o los problemas de 20 años a la vez? ¿No te parece innecesario cuando se puede vivir primero este día? Para caminar, se da un paso a la vez. Comienza a vivir este día a plenitud, para que no lo pierdas para siempre.

୨୨ 308 ୧୧

Las circunstancias ni la adversidad pueden controlar tu crecimiento.

୨୨ 309 ୧୧

No te preocupes de las cosas que no puedes cambiar. Preocúpate de encontrar las maneras de cambiar las que puedes.

༄ 310 ༄

¿Estás multiplicando los dones o estás estancado? No esperes hasta jubilarte para ser feliz. Disfruta de tu vida al máximo y empieza.

311

La mala actitud jamás te promueve; te mantiene fijo, estancado como las estatuas.

312

Cambia los pensamientos de miedo por pensamientos de valor, y cambiarás tu vida y el paisaje.

313

Lo pequeño no puede robarte lo grande de tu vida, ni lo grandioso de vivir.

314

Hay momentos en los que ocurren cosas inesperadas en la vida de todos. No olvides, en estas circunstancias, que Dios está en control.

315

Su vida tiene un propósito y su misión es descubrirlo.

316

¿Por qué sigues pensando en lo que pasó el año X, a la hora X, del mes X, treinta años después? ¿Podrías explicarte cuál es el beneficio?

317

Si Dios hubiera querido convertirte en hombre "masa", no te hubiera hecho diferente. Eres un ser humano extraordinario; pensante, creativo, con identidad propia. Responsable de tus actos, con sentimientos y personalidad; sobre todo, una persona trascendente y única.

318

Si te acostumbras a mentir, llegará el momento en que no sabrás distinguir la verdad.

319

El temor, como la ignorancia, es el adversario mayor del ser humano. Pero la fe y el conocimiento son prodigiosamente superiores.

320

Comienza. Siempre hoy es el mejor tiempo de empezar. Comenzar sin importar en dónde ni a qué alturas te encuentres en tu viaje. Comenzar con los retos frente a ti aunque estés desanimado o cansado, y sin saber a dónde ir. Para comenzar o volver a empezar, tienes que saber dónde te encuentras y hacia dónde te quieres dirigir. Sabiendo esto, desencadenarás un poder motivacional dentro de ti. Te ayudará a ponerte en marcha hacia esa dirección.

321

Podemos quejarnos menos y estar mucho más dispuesto a ser agradecidos. Tenemos más razones para agradecer, que las que solemos tener para quejarnos. Gratitud por lo que se tiene, es bendecir para traer a la vida lo que se quiere.

322

Actúa. Ha llegado la hora de empezar a trabajar para construir. Lleva a la arena los motivos de tu fe convertida en 'acción'. "*La fe sin obras es muerta*".

323

No te canses de agradecer tus bendiciones, así como el cielo jamás se cansa de darte.

324

Para empezar de nuevo, necesitas curar tu mente; sanar el corazón de las heridas del naufragio; despojarte de lo viejo, de los trajes amarillentos y rotos; desechar de la mente, como del corazón, todo vestigio de infortunio.

325

Enfrenta la verdad por dura que ésta sea y te cause dolor. Es la manera para curar el corazón y la mente. Si no curas las heridas, ejercerán dominio sobre tu vida, como comida descompuesta dentro de un refrigerador.

326

Perdonar, más que una decisión, es un acto de amor; es sanar las emociones heridas, desmemoriar el dolor de los recuerdos. Cerrarle la puerta a la amargura, al resentimiento, al odio, para que el amor fluya en libertad y perdón.

327

Si puedes dar el primer paso, recorrerás el mundo.

328

Con Dios, no hay razón de preocuparse, y sabes que puedes llegar a cualquier parte. Entonces, ¿de qué te preocupas?

329

El optimismo genera una poderosa y desconocida energía sobrenatural; es lo sobrenatural de Dios en el hombre.

330

La adversidad es como las tormentas que desaparecen de pronto o se desvían. Las circunstancias adversas con un "de repente", podrían desviarse y volverse a tu favor. No lo dudes. No hay imposibles para Dios.

331

Ejercita, constantemente, tu manera de pensar positiva, para obtener resultados positivos continuamente.

332

Jamás dejes de creer en ti por ningún motivo o razón. Sólo fracasan los que nada intentan. Si has caído luchando, has caído triunfando.

333

Escoge pensamientos agradables para tu vida, así como la primavera selecciona variedad de colores.

Elige, en cada amanecer, las tonalidades de tu día; lo demás vendrá con tu elección.

꧁ 334 ꧂

Explora la potencialidad aún no descubierta en tu interior. Te maravillarás de esa grandeza inexplorada. Talentos desconocidos. Formidables habilidades. Te sorprenderás cuando, en realidad, no debería de tomarte por sorpresa la maravilla del milagro viviente que eres tú. Pues escrito está, que has sido creado a imagen y semejanza de Dios.

꧁ 335 ꧂

De todos tus poderes, el mayor que posees es el de materializar las palabras, los pensamientos y las imágenes de tu mente en su equivalente físico.

꧁ 336 ꧂

Levántate sobre la adversidad para que la montaña no te impida ver el puerto. No olvides que el camino continúa más allá de los obstáculos.

꧁ 337 ꧂

Arroja, diariamente, los pensamientos negativos; échalos fuera de la mente, pues son como bestias en medio de ovejas. Quieren ensombrecer tu vida y dominar tu alma.

338

No permitas que la crítica te paralice. Sacúdete y sigue andando.

339

El triunfo es un estado de crecimiento interior y de servicio a nuestros iguales.

340

Atrévete a defender lo eterno de la vida: la verdad, la justicia, la esperanza, la fe, la libertad y el amor.

341

El hombre es cien millones de veces superior a la adversidad. Su mente es creación de la mente de Dios. Con toda esta herencia de grandeza, ¿a qué puedes temer hacerle frente?

342

Así como el artista con paciencia pinta el paisaje y lo detalla con minuciosidad sobre el lienzo para expresar su idea, igual nosotros debemos detallar nuestros sueños con precisión mental y claridad. ¿Cuál es el retrato de tus sueños? Haz de tu idea, una fotografía precisa de lo que quieres.

343

Para el que puede creer todo es posible. No hay imposible para el que cree. Puedes abrir la puerta de los milagros. Podrás ver la realización de lo que has creído.

344

Al liberarte del temor, desencadenas un poder ilimitado que abrirá puertas y romperá cerrojos. Derribará muros, fortalezas, montañas, y todo tipo de adversidad que aparezca a la vista.

345

Ama las cosas buenas de la vida.

346

Abre tu corazón a las tragedias de los otros, y olvidarás tus propias tragedias. Abre tus oídos al dolor, a las necesidades, a los sentimientos y a los corazones de otros. Abre tu vida hacia otras vidas.

347

Abre tus brazos para abrazar, para recibir, para esperar, para dar, para consolar, para enseñar, para sostener, para perdonar. Abre tus brazos para animar, para amar; ¡abre tus brazos para vivir!

๛ 348 ๛

Abre los caminos que van a tu corazón.

๛ 349 ๛

Mi hija Linda me dijo una frase que jamás he olvidado: "Manos necesitan manos". Todo el mundo necesita de otra mano. Dos palabras fundamentales: Necesito ayuda. Nadie es la excepción a la regla. En tus manos, siempre estará la oportunidad de ayudar a otros... de escuchar, de dar, de servir, de sentir, de enseñar, de transmitir, de compartir, de legar. Considérate privilegiado por esta virtud del amor.

๛ 350 ๛

¿Quién es tu prójimo? Es la humanidad en un cuerpo: el hombre.

๛ 351 ๛

Si tienes miedo puedes salir corriendo e huir, o bien te atrincheras al frente de tus habilidades y peleas con coraje la *"buena batalla de la fe". 1 Timoteo 6.12*

๛ 352 ๛

Amar lo que haces es desempeñar tu trabajo con pasión y excelencia.

ৎৎ 353 ৎৎ

No te resignes a fracasar. Presenta batalla a la adversidad. Pelea contra las limitaciones, la escasez, la pobreza; la miseria, las ataduras de todo tipo, la enfermedad, los malos hábitos, los vicios, las debilidades; y sobre todo, la ignorancia.

354

Avanza sin mirar atrás; con el sol de frente, confianza y determinación. Sin miedo, superando las limitaciones. Derribando muros con entusiasmo, con amor en el corazón. El único lenguaje rebelado de Dios. Eres el reflejo directo de tus pensamientos.

355

Tienes libertad de elección, el don más grande que Dios ha concedido. Puedes pensar porque tienes una mente incomparablemente extraordinaria. Puedes sentir porque se mueven dentro de ti las emociones. Puedes decidir porque tienes voluntad. Estas características te dan libertad de elección. Te hacen superior a los ángeles de los ejércitos de Dios. A Él no le plació concederles este privilegio que a ti te concedió.

356

La manera de pensar hace libre o esclaviza al hombre.

357

Comencemos por cambiar nuestra manera de hablar. Decretemos y manifestemos esperanza, fe, amor, prosperidad, bendición para cambiar el curso de los acontecimientos de la vida; porque, conforme se piensa, se vive.

358

Renuncia a la mediocridad para alcanzar niveles de conocimiento y de entendimiento superior. Busca las alternativas de la sabiduría: Renacer, modificar, corregir, cambiar, replantear, proyectar, caminar, empezar, superar. Busca el cambio para mejorar de alguna manera la forma de pensar y la vida.

359

Crecer es hacer cambios; descubrir, analizar, investigar, edificar, crear. Crecer es decidir cambiar una actitud dañina. Es mantener un espíritu dispuesto y enseñable. Crecer es aprender a luchar bajo presión. No desmoronarte ni desanimarte ante la crítica o frente a las personas que no comparten tus criterios u opiniones. Crecer es ser superior a la provocación y a la mentira. Crecer es estar dispuesto a recorrer la "milla adicional". Crecer es vencer el enojo, el resentimiento y toda raíz de amargura. Crecer es pagar el precio del compromiso de crecer. Crecer es trabajar en tu propósito. Crecer es edificar y construir mientras otros holgazanean y destruyen. Crecer es comprender que cada quien es diferente, y cada quien tiene sus propias habilidades y talentos. Crecer es atreverse a dejar de ser común para comenzar a ser excepcional.

360

Ningún agricultor arroja la buena semilla sobre la basura, la maleza y los escombros. Primero retira y quema la maleza. Limpia la mente para, entonces, plantar la buena semilla.

361

Levántate contra la falsedad y la mentira. Contra la idolatría y la ignorancia. Contra todo lo que indispone el corazón a la paz y a la alegría.

362

El éxito comienza por un profundo deseo del corazón.

363

El amor es superior a toda la maldad junta.

364

La fe es luz en la desesperanza; y la esperanza, un camino en la adversidad.

365

La verdad es una luz en la oscuridad; y la oscuridad, una noche sin fin.

366

El hombre es el resultado de lo que hay en su mente y en su corazón.

367

La sanidad mental es la columna vertebral del crecimiento personal y la fuerza más influyente en la vida del hombre.

368

Para lo que quieras hacer, solamente necesitas predisponer el corazón.

369

Mientras el propósito fulgure en tu mente, no te fijarás en los obstáculos ni verás imposibles ni barreras. Éstas comienzan a aparecer cuando disminuye su brillo en tu corazón.

370

Disfruta la libertad de expresión como uno de los derechos más valiosos que posees. Es el resultado de millones de hombres que cayeron soñando en un futuro superior de esperanza y de libertad. Es un pasaporte que te hace libre y te da libertades que no todos tienen. Libertad de movimiento. Libertad de expresión, de pensamiento hablado y escrito; libertad de elección, libertad de culto, libertad de creencia, libertad de enseñanza, libertad de aprendizaje, libertad de asociación; libertades cívicas, políticas, académicas, y todo un conjunto de libertades para que puedas edificar una mejor manera de vivir.

371

El amor transfigura y es la llama continua del nacimiento del hombre.

372

Vive lo que crees y actúa conforme a tus creencias para alcanzar tu desarrollo personal. Si crees en los valores de la fe, actuarás motivado por la fe. Si crees en la perseverancia, podrás perseverar. Si crees que puedes, actuarás con la convicción de que puedes. Si crees en tu propósito de vida, buscarás las posibilidades para alcanzarlo. Todo depende de lo que realmente creas. Eso es lo que verdaderamente importa.

373

Aprende de la enseñanza que dejan los errores. Ésta te llevará a descubrir los motivos de los mismos;

para, luego, aplicar ese conocimiento y esa experiencia, y finalmente, recomenzar con mayor seguridad y entusiasmo.

374

Cuida la actitud y no permitas que se estrelle contra el tropiezo. Mantén a bordo el salvavidas de la esperanza, y recuerda que la tormenta pasará.

375

No hemos nacido para fracasar ni para ser esclavos del temor, del miedo, la desesperación, la pobreza, el fracaso, la oscuridad o la ignorancia. Hemos nacido para crecer en espíritu y verdad, para alcanzar el éxito y vivir bajo la luz del amor, de la fe, el entusiasmo y la esperanza.

376

El miedo no puede prevalecer ante un milagro, ni la duda ante la perfección del amor. ¿Puede acaso el Espíritu de Dios permanecer junto al odio, compartiendo el mismo corazón? ¿Acaso puede el lobo convivir con el cordero o el tigre con el niño o el pez sin el agua? Arranca de ti toda raíz de miedo, temor o tristeza del pasado que te alcance.

377

Si le das oportunidad al temor de afianzarse en tu vida, también invitaré a participar a los distinguidos miembros de su familia: miedo, inseguridad, oscuridad, atadura, ceguera, indecisión, miseria, dudas, renuncia, ignorancia; fracaso, pánico, desesperanza, pobreza, ruina; inestabilidad, conformismo, soledad, aislamiento. Arrójalos de tu mente. Lo que atraes con tu pensamiento para bien o para mal, se materializará en tu vida.

378

Cuando, verdaderamente, estés convencido de que no puedes lograr lo que te has propuesto alcanzar, haz un inventario de tus habilidades y talentos. Antes de darte por vencido, recuerda tus triunfos por pequeños que éstos te parezcan. Recuerda lo que has hecho y has logrado; tus conquistas laborales, tus éxitos y cómo te sentías. Y luego de tus propias debilidades, fluirá la nueva fuerza que Dios alimenta para seguir luchando y no rendirte.

379

Piensa. Decide. Ordena las ideas y da el primer paso hacia tus sueños. Durante el viaje, preocúpate de renovar el entusiasmo y la esperanza. Persevera. No claudiques.

380

Para hacer, para cambiar, para intentar, para transformar, para comenzar, para volver a comenzar, para volverlo a intentar, sólo se necesita decisión.

381

La vida es un interrumpido renacer; ir muriendo y naciendo. Renunciando a lo viejo para vestir lo nuevo; renaciendo a la vida, a la luz, a la fe, a la esperanza, a un nuevo intento, a la alegría, al pensamiento, a la renovación de la mente, a la vida.

382

Si siembras en abundancia, cosecharás en abundancia. Si siembras poco, recogerás poco. Si nada siembras, ¿qué puedes recoger? *"Dad y se os dará"*, para que, en esa medida, aumentes la riqueza. Cuando das riqueza, estás sumando riqueza a tu cuenta.

383

Cuando des, hazlo con el corazón; con alegría y voluntad, y sobre todo, con amor; porque estás plantando simiente.

384

Dios te ha dado autoridad y riqueza. Ésta se manifiesta a través de tus sueños, deseos de superación y crecimiento personal.

385

Lo que siembres, recogerás. Si siembras uvas, recogerás uvas. Si siembras amor, recogerás amor. Si siembras fe, recogerás fe. Si siembras entusiasmo, recogerás entusiasmo. Si siembras esperanza, recogerás esperanza. Las semillas plantadas llevan el mismo fruto como cosecha. Siembra buenas semillas para alcanzar buenos frutos.

386

¿Quién te ha dicho que no tienes que dar? Sí tienes y mucho: Algo de ti o de tu tiempo; alguna palabra de amistad o de esperanza. Algo de amor o sabiduría; de habilidad. Alguna enseñanza o experiencia; respeto o reconocimiento. Alguna palabra de fe o de valor. Una palabra de ánimo o de motivación. Un gesto de aprobación. Una mirada o un apretón de manos. Una palmada en el hombro o un abrazo para abrigar corazones. Una palabra de aliento o una alegría. Alguna enseñanza inspiracional o edificante. Compartir en silencio. Dejar hablar. Sencillamente, oír con los oídos del alma. Regalar una canasta familiar, un traje, un auto, una casa o un cheque. Dar o ser una bendición. Salvar una vida o solamente un hola de primavera.

387

Los pensamientos dominantes en la mente del ser humano serán los pensamientos equivalentes que se materializarán y dominarán su vida. Los pensamientos negativos son como la fruta descompuesta, que daña las frutas sanas. Podemos, continuamente, el árbol del pensamiento para mantener la salud mental.

⁂ 388 ⁂

Puedes ser todo lo extraordinario, gigante y grande que seas capaz de concebir en tu mente. El pensamiento es el puente a la realización de toda idea.

⁂ 389 ⁂

Sí se puede, y puedes mientras creas que puedes.

⁂ 390 ⁂

La vida es un precioso regalo del amor de Dios Disfruta cada minuto, porque jamás volverás a vivirlo.

⁂ 391 ⁂

Libera riqueza para atraer riqueza. Si la retienes, puedes acarrear miseria.

⁂ 392 ⁂

El dinero no es malo sino el mal uso que hagas de él. *"El obrero es digno de su salario"*, dice la Biblia.

⁂ 393 ⁂

Desecha todo hábito que te haga daño, o éste te vencerá. Sustitúyelo por otro positivo que ayude a tu crecimiento personal. Las buenas costumbres te dan libertad, bienestar y seguridad; contribuyen al desarrollo humano y al crecimiento espiritual. Los malos hábitos esclavizan y te vuelven dependiente: atan, limitan, absorben, enloquecen, destruyen y, finalmente, matan. Mantente alejado de todo aquello que daña.

394

En lugar de preocuparte, mejor esfuérzate por buscar ideas que te ofrezcan soluciones. Si la preocupación dejara ganancias, deberíamos de preocuparnos 60 veces por minuto, para generar más dinero. Pero la preocupación no representa ningún ingreso ni resuelve ningún problema; más bien, los aumenta. Es preferible invertir el tiempo en buscar soluciones para resolver los problemas, en lugar de preocuparnos sin buscar soluciones.

395

En cada amanecer, disfruta el privilegio de poder abrir los ojos otra vez. De adentrarte a un nuevo día de esperanza. De nuevas posibilidades. Piensa en las razones para sentirte agradecido. Si te sientes triste o desanimado, haz un inventario de toda tu riqueza. Al hacerlo, recuerda tus habilidades de pensar, hablar, caminar, soñar, orar y trabajar; decidir, luchar, construir, elegir. Tienes un cuerpo sano, y una maravillosa mente. Piensa en lo que te ha dado la vida; los momentos de alegría, de felicidad. Entonces, sé agradecido desde lo profundo de tu corazón.

Expresa gratitud por cada una de las bendiciones llegadas a tu vida; por las que llegan y por las que vendrán.

396

Sin importar cuál es la situación en que te encuentres, siempre tendrás una salida. Nuevas puertas que se abran para ti. Confía en que esas puertas se van a abrir cuando las necesites. Confronta cualquier situación adversa con la perspectiva de que las circunstancias van a cambiar; atraerás a ti todo lo que realmente necesites. Ten fe de que así será.

397

La vida es como un juego. Necesitas aplicar lo mejor de tus conocimientos experiencias y técnicas adquiridas durante tu diario vivir. Trata de jugar lo mejor posible con lo que tienes. Desde el lugar donde te encuentras, dando lo mejor, creyendo y haciendo lo mejor.

398

Esfuérzate por mantener en orden las ideas. Una mente en desorden es como una casa desordenada: nada se encuentra cuando se necesita.

399

Los hechos son el retrato que testifica lo que eres; muestran la realidad de tu corazón, no son contrarios a las palabras, ni las palabras contrarias a los hechos.

⁂ 400 ⁂

Ser grande significa hacer las grandes cosas que, pudiéndolo hacer, no se atreven los comunes; y lográndolo, permanecen sencillos.

⁂ 401 ⁂

No dejes que una dosis excesiva de desánimo y frustración te lleven al fracaso. Mantente positivo y persevera. Los positivos y los perseverantes son los soñadores que han escrito la historia de la civilización. De los que no luchan, jamás se ha escrito nada. Los que coronan sus propósitos, son los que se atreven a enfrentar los desafíos; son los que luchan, perseveran y transpiran decididos a triunfar.

⁂ 402 ⁂

Los soñadores, para unos locos o para otros idealistas, son los únicos nombres que llenan las páginas pioneras de la humanidad.

⁂ 403 ⁂

Inspira a otros a vivir y no habrás vivido en vano. Implícate en restaurar almas, corazones y vidas. Lleva esperanza a las desiertas casas del alma de los hombres. Planta vida. Libera paz, luz, amor. Construye. Reconstruye aunque otros destruyan.

Siembra esperanza en la desesperanza; semillas de comprensión en el dolor. Atrévete con pasión a ayudar a redimir a un ser humano. Entonces, habrás cumplido la más extraordinaria de todas las misiones.

404

Puedes ser como la sombra de una palmera que invita a descansar al caminante sofocado por el polvo, el sol y la sed.

405

Apacigua el cansancio. Aliviana la sed. Sacia el hambre del hombre. Ayúdalo a aliviar la carga y a recuperar sus fuerzas.

406

Sé guía para el que ha perdido el sendero que lo lleva a su destino. Inspira a vivir y a seguir viviendo. Te aseguro, que no habrás vivido en vano.

407

Piensa y hallarás soluciones, ideas y respuestas para resolver los problemas.

408

Hoy es toda la riqueza que posees. Vive como si vivieras los últimos momentos de tu vida.

409

Sé consciente de que tu problema no perdurará para siempre. Vives una circunstancia pasajera. Otros ya han atravesado por una situación parecida. Otros se esfuerzan por superarlas. Otros las han superado. Se encuentran a millas de distancia del pasado. Tú dentro de poco estarás a miles de horas de distancia de un problema resuelto. Ten fe que así será. Sé paciente.

410

Ejercita tu libertad de elección para cambiar tu vida.

411

El ferviente deseo de cambio y transformación nace en la mente. Es producto de una decisión para vivir una vida diferente.

412

La determinación para cambiar las circunstancias de hoy, es el primer paso para obtener verdaderos resultados.

413

La capacidad de pensar y discernir, te hace superior y el número uno de la naturaleza.

414

Sigue los consejos de tu corazón.

415

Congratúlate por los problemas que llegan a tu vida; mientras vivas, te van a acompañar como un símbolo de oportunidad y crecimiento. Los cementerios son los únicos lugares donde no existen contratiempos. La vida es una constante transformación y movimiento. Los problemas forman parte ella, invitándote a luchar; son un reto para hacer uso de la creatividad y de tu ilimitada imaginación.

416

Los problemas exigen energía, esfuerzo y concentración para encontrar soluciones y ser superados. Trabaja con denuedo para superar las situaciones más adversas. Serás el primer sorprendido de las grandes conquistas que eres capaz de lograr.

417

Necesitas información y conocimiento para ganarle la partida a las circunstancias.

418

No te dejes intimidar por las palabras o por el decir: "Si yo fuera tú, no lo intentaría". Los grandes hombres jamás prestaron sus oídos ni sus mentes ni sus almas a palabras parecidas; por eso, fueron hombres superiores, hombres transcendentes, que sobresalieron del anonimato.

ঌ 419 ও

Tienes una sola vida en este mundo. Aprovéchala al máximo, haciendo con ella algo importante.

420

El miedo produce sentimientos de miedo, debilidad, ansiedad y flaqueza. No permitas que te paralice y destruya tus sueños.

421

Inténtalo y verás que sí puedes lograrlo. Descubrirás que no es tan difícil como te imaginabas.

422

Vive un momento histórico y único que no volverás a vivir. ¡Eres pionero de la historia de tu vida!

423

El animal actúa por instinto; el hombre, por conciencia y discernimiento. Ésa es la diferencia que te hace superior.

☙ 424 ❧

Una nueva manera de vivir es el resultado de renovar, constantemente, el pensamiento. Despojarse de lo viciado y de lo viejo, para abrir paso al florecimiento de lo nuevo. Vestidos del nuevo hombre o mujer reflejo de la semejanza de Dios.

☙ 425 ❧

En Mateo 9.29, Jesús dijo: *"Conforme a tu fe, te sea hecho"*. La fe es el camino a los milagros. Siempre será y recibirás conforme creas.

☙ 426 ❧

No hay razón para ir tan de prisa, olvidándonos de vivir. ¿Por qué esa desesperada carrera de querer llegar a la vez a todas partes? Te falta el tiempo. Incluso, quisieras aumentar las horas del día. Y, probablemente, aún así estarías corto. Detente por un momento. Disfruta de la universidad de la naturaleza. Observa el incendio del atardecer; la infinita serenidad de una noche profusamente constelada. Escucha las canciones del viento, o el silencio y las voces de la noche. Escucha a tus hijos o siéntete poeta. Métete en el viento. Camina un poco más. Dibuja más sonrisas en tu rostro. Sé paciente. Vive más o, simplemente, escribe un poema de amor.

❧ 427 ❧

Aprender a oír con atención, es capacitarnos para ayudar a comprender más las necesidades de los que nos rodean. Escuchar permite asimilar el fundamento de lo que nos dicen las palabras. ¿Cómo se puede ayudar si no se escucha?

❧ 428 ❧

La verdadera religión es el amor, y está en el corazón. Es sencilla como la caricia del sol sobre la hierba. Como la sencillez del silencio de la tarde sobre el mar. Como las palabras serenas salidas de las ondas del corazón.

❧ 429 ❧

El amor es el fruto más preciado entre las semillas del éxito y el sostén de las demás.

❧ 430 ❧

La verdad es como la luz de un faro, que siempre alumbra en la oscuridad.

❧ 431 ❧

La humildad es la grandeza del corazón del hombre extraordinario con rostro común.

432

Preocúpate de hacer las cosas que haces con amor, para que éstas prevalezcan y trasciendan. Ésta es la semilla más importante del éxito.

433

Puedes hablar con serenidad, entendimiento e inteligencia, sin necesidad de obligar, controlar o manipular. Es el lenguaje que distingue a los tiranos. Si los que te siguen hacen las cosas por obligación, mas no por convencimiento y pasión, ¿quiénes, realmente, son los que te siguen?

434

La justicia es el mayor de los principios de la paz.

435

Si repartes, la vida se encarga de añadirte. Lo que restes, te será sumado; de esta manera, se cumple la ley universal de la multiplicación. Si retienes más de lo justo, la naturaleza se encargara de quitártelo, porque no le gustan los monopolios. Sé justo y generoso, y nunca nada te faltará.

436

Ama sin maquillaje, con la sencillez que la luz abraza la creación; con la sencilla caricia del sol sobre la hierba. Con un amor sencillo como el silencio de una tarde sobre la mar. Con palabras serenas salidas de las cuerdas del corazón.

437

¿Qué piensas que Dios no te ha dado y te hace incompleto? ¿Ideas? ¿Lenguaje? ¿Movimiento? ¿Serenidad? ¿Sueños? ¿Propósito? ¿Fe? ¿Esperanza? ¿Motivación? ¿Entusiasmo? ¿Creatividad? ¿Amor? ¿Inteligencia? ¿Optimismo? ¿Perseverancia? ¿Decisión? ¿Libertad de elección? ¿Pasión? ¿Propósito? ¿Visión? ¿Qué piensas que necesitas para estar más completo de lo que ya eres? Dios hizo su obra creadora. Plantó dentro de ti todo lo que necesitas para hacer tu parte del trabajo. ¡Es tu turno!
Atrévete a ganar.

438

¡Campeón!, que no te venza el fracaso. Recuerda los múltiples inventos que han impactado a la humanidad. Sus inventores fracasaron centenares de veces hasta lograrlo. Conocían el don de la persistencia, y por eso, persistieron hasta conquistar la perfección de la idea, el proyecto o el invento que los condujo al éxito. Entre el comienzo y el final, hay muchas horas de trabajo; de perseverancia, de frustraciones, de fracasos, y contratiempos de todo tipo. Pero hay que continuar el viaje. Si todos estos inventores y maestros de la creatividad se hubieran espantado ante el fracaso, la humanidad habría perdido todos los beneficios de estos millones de inventos que hoy día conocemos. Campeón, ¡persiste! Dale la oportunidad al mundo de conocerte.

439

Retira el egoísmo de tus alforjas. Es un enemigo del crecimiento personal y del éxito.

440

Siempre habrán otros más altos y más bajos que tú. De todas maneras, no te dejes impresionar por la estatura. Puedes vencer sobre la adversidad como David venció al gigante Goliat.

441

Rejuvenece tu corazón al igual que tu pensamiento; como las distintas estaciones se visten de hojas, colores y nuevas fragancias.

442

Enamórate del amor y de la vida; del silencio, del mar, de la poesía. No te desfamiliarices de las palabras: "Te Amo". No pierdas la costumbre de regalar flores y poemas. No te alejes del hábito de tomar una mano, acariciar un rostro o una cabellera. No te olvides de vivir, y de seguir amando.

443

Lo que pensamos y lo que hacemos es el resultado de lo que somos. Cuando descubramos, por qué pensamos como pensamos o por qué actuamos como lo hacemos, aprenderemos a conocernos a nosotros mismos.

444

Atrévete a buscar la grandeza desde donde estás, y con lo que tienes. Estás capacitado y altamente dotado para lograrlo. No te hace falta absolutamente nada.

445

El enemigo número uno del hombre es el hombre mismo; y tu enemigo número uno eres tú mismo, cuando comienzas a creer en la filosofía del "no puedo" y del "no sé hacer las cosas".

446

No te desalientes ni te desanimes, porque la ayuda llegará a tu vida de la persona que menos lo esperes. En las "altas esferas", los ángeles han sido comisionados para ayudarte. Eres muy importante para Dios; Él no se olvida de ti.

447

Aléjate de los pesimistas y de los negativos, porque no te ayudan a crecer; son un tormento para el espíritu, un fenómeno común de la derrota, y los sepultureros del optimismo.

448

Ganes o pierdas, celebra el privilegio de vivir. Mantén en alto la esperanza. Espera siempre lo mejor. Húndete en el fuego del entusiasmo. Vive la magia de la motivación.

449

La revolución de las ideas comienza por la mente; influencia y se cambia a sí misma, para luego, intentar cambiar el mundo.

450

Nada grande puede lograrse sin esperanza y sin propósito.

451

El amigo que te niega a conveniencia, jamás ha sido tu amigo.

452

Mantén en el archivo de tu memoria, una fotografía del propósito que te propones alcanzar. Defínelo con claridad y precisión; lo más exacto que puedas a la imagen de tu sueño. Que lo puedas ver con los ojos abiertos y cerrados; dormido y despierto. Aviva esa imagen. Repásala en tu mente, sobre todo, en los momentos de adversidad. Será como una luz en tu camino; una constante visión delante de tus ojos. No permitirá que nada te pueda apartar de tu objetivo.

453

¿Dónde te encuentras ahora? ¿Te sientes abrumado, limitado e impotente frente a los problemas que pareciera que te pesan demasiado o que te aplastan? Sacúdete. Cambia de paisaje. ¡Despierta... levanta tu cabeza! Sé consciente de que has sido creado para vivir un nivel de vida mejor; en sosiego, con un espíritu de valor, amor, dominio propio y libertad.

454

No te habitúes a vivir con la adversidad y la ignorancia. Rompe las cadenas del fracaso y sé libre. Piensa y busca las alternativas y posibilidades diferentes.

455

No renuncies a la libertad de ser tú mismo. Pelea tu partido hasta el final. Sé valiente. Libérate del demonio de la indiferencia. Busca todo lo bueno de la vida.

456

Desarrolla todo ese potencial humano que hay en ti. Mantén tus habilidades y talentos al servicio de tu prójimo. Ayuda a otros en la búsqueda de la felicidad y de una mejor manera de vivir. No retengas nada. Multiplica tu vida en otras vidas. Realiza el viaje final sin equipaje.

457

Resiste sólo un poco más cuando todo empeora. Recuerda que todo es pasajero y pasará. No te dejes abatir por la soledad o la tristeza ni por los malos momentos. Lucha por realizarte. ¡Esfuérzate y sé valiente!

458

¿Te has podido imaginar una vida sin ningún tipo de problemas? No te parece que sería algo monótono e intrascendente? Sólo en los cementerios no existen los problemas y los retos. Ahí no existe vida ni reverdece la esperanza.

459

Tienes un día más para luchar, esforzarte, salir adelante y resolver los problemas de múltiples maneras diferentes. Vive, y mientras vivas aún, se abrirán las puertas de las posibilidades para ti.

Además, siempre tendrás una salida. No permitas que el temporal te aparte de tu curso.

꧁ 460 ꧂

Eres una criatura única en este universo. Superior al dolor y a las vicisitudes. Más grande que las contrariedades, y te hace más grande todavía mantenerte humilde en la victoria.

꧁ 461 ꧂

Dentro de ti, hay un diamante oculto. Conforme vives y te conoces a ti mismo, en esa medida te transformas, creces, y vas dejando lo viejo para que nazca lo nuevo; como el diamante cuando empieza a despojarse del carbón, y su brillo y fulgor resplandece y maravilla.

꧁ 462 ꧂

Sigue a tu corazón en la búsqueda de la verdad. Ésta te hace libre, y deja a tu paso estelas de esperanza y libertad.

꧁ 463 ꧂

No pierdas las batallas en tu mente para que no sufras la peor de las derrotas: ser vencido sin haber luchado. Date la oportunidad de intentar buscar el triunfo en lo que hagas.

464

Mientras vivas, hay esperanza; y como en los grandes partidos en los segundos finales, puede definirse la victoria.

465

Practica la buena costumbre de admirar siempre lo bueno. Aplaudir lo inspirador y reconocer lo digno de admiración y de reconocimiento. De esta manera, contribuyes al crecimiento de un ser humano.

466

Rompe las ataduras de tu mente. No eres árbol ni estatua, ni piedra ni montaña. Te puedes mover con libertad. Puedes pensar, elegir, creer, luchar, crecer, decidir; perseverar por un propósito en tu vida. En tu cuerpo, corre sangre y oxígeno. Debajo de tu piel, hay sueños con un rostro de hombre o de mujer de carne y hueso. Decídete a crecer. Has nacido para que tu mente y espíritu alcancen un nivel superior de vida y crecimiento.

467

Perdónate y perdona. Atrévete a perdonar tus errores, y no hagas causa contra ti. Reconoce, en los fracasos, las enseñanzas que eran necesarias aprender para crecer y madurar. Esa experiencia, de alguna manera, te ha fortalecido; te hizo más fuerte y seguro.

෴ 468 ෴

Perdona tus errores como un acto de amor hacia ti mismo.

෴ 469 ෴

Sé benévolo. Aprende de tus caídas y permanece al frente de tu vida. Recapacita en el dolor de las heridas. Libérate de ese sentimiento y libera a quien te causó el dolor para ser libre. De esta manera, no cargarás amargura ni destrucción sobre tu corazón.

෴ 470 ෴

Cuando perdones, hazlo de verdad, totalmente. Sabrás que has perdonado y estarás sanado cuando, al recordar lo que pasó, ya no te cause resentimiento ni dolor. Es la señal de que has roto los candados de la prisión espiritual. Perdonar es una decisión y un acto de amor. A través del perdón, ganas paz, salud física y mental; transmites vida y energía positiva a tu espíritu, alma y cuerpo.

෴ 471 ෴

El amor es eterno. Cumbre de la sabiduría; jamás pasará. El amor es todo y fuera de él nada es.

472

Si haces un inventario de tu riqueza, descubrirás lo mucho que tienes. Antes de ser, no eras más que una posibilidad entre millones de posibilidades. Hoy eres más que una posibilidad: eres un ser real de carne y hueso. Estás provisto de un espíritu, y de una mente extraordinaria.

473

Si reflexionas por un momento, te darás cuenta de que tienes habilidades y talentos para afrontar y vencer cualquier reto.

474

Vales una gran fortuna, desde lo invaluable de cada célula que compone tu cerebro, hasta la planta de los pies que sostiene el edificio de tu cuerpo.Cada célula de tu cuerpo equivale al contenido genético de una voluminosa enciclopedia. ¿Qué le parece?

475

Todo el conjunto de órganos dentro y fuera de su cuerpo, cumple una función específica; trabaja en perfecta armonía por su bienestar.

476

Todo en ti, es riqueza y ganancia. Eres dueño de una fortuna única. ¿Por qué piensas que estás en desventaja?

477

Influye una sola vida hacia el bien y habrás triunfado. Guíala a vivir entusiasta en medio de las pruebas. Enseña que el camino a la grandeza, nace en el corazón. Que el respeto es el nudo de los lazos de amor. Que la fe es el camino que conduce hacia Dios. Y que no hay ni habrá un tesoro más grande que el amor.

478

La verdad es como un río de luz que se abre paso entre la oscuridad, y resplandece como un sol de mediodía. Todo será descubierto, y *"nada quedará oculto entre el cielo la tierra"*.

479

Apelar a la lealtad para ejercer sobre otros manipulación, temor y dominio, es tiranía.

480

En las palabras, está el destino de la vida, la salud, la enfermedad, el amor o el odio; las cosas buenas o malas, incluyendo el poder sobre la vida y la muerte; el fracaso o el éxito, la bendición o la maldición.

481

No repitas lo que se dice o lo que se oye porque podrías decir lo que no se dice y tampoco es cierto. Si repites lo que se dice podrías decir lo que nadie ha dicho. Podría ser que no oíste bien lo que se te dijo o el que oyó y lo repitió podría haber escuchado o entendido mal.

482

Las palabras de amor y la libertad deberían abundar en cada corazón.

483

Es mejor perder todas las veces que haya que perder intentando alcanzar un sueño, y no perder toda la vida por el temor a intentarlo.

484

Si estás claro en lo que quieres, no habrá nadie que te pueda hacer desistir de tu propósito.

485

Dios no le ha dado a nadie potestad sobre tu vida ni tus sueños.

486

El optimismo, como la fe, es una fuerza poderosa que sólo puede crecer en tu interior.

487

El éxito comienza con la seguridad en ti mismo. Esto no quiere decir que eres más que los demás. Sólo significa: *"Que para el que cree, todo es posible" (Marcos 9.23)*.

488

No eres diferente a los dictados de tu pensamiento y de tu corazón: *"Conforme eres en tu pensamiento, así eres" (Proverbios 23.7)*. Si crees que puedes, seguro que podrás.

489

Si piensas que algo es inalcanzable, sencillamente significa que te sientes incapaz de conquistarlo.

490

Es preciso batallar para alcanzar un sueño; batallar por alcanzar la libertad, una meta, un ideal. Salir a la batalla para ganar la paz. (Números 1.21-40).

491

Si tus armas las sostiene un corazón optimista, pelearás mucho mejor equipado que los otros.

492

Puedes fortalecerte todo el tiempo que quieras en el poder de la fuerza de tu Dios. (Efesios 6.10).

493

En todas las batallas, agita las banderas del optimismo, y estarás desplegando el más grande de los himnos de victoria.

494

Ningún problema que existe es superior a ti, y ya ha sido antes resuelto por alguien que lo tuvo. Lo vas a resolver aunque en este momento, no sepas ni cómo ni cuándo. Pero puedes estar seguro de que existe una salida. Más pronto que tarde, la encontrarás.

495

Sólo necesitas encontrar la solución del problema para que deje se serlo; entonces, pasará al archivo de las cosas resueltas.

496

El camino de la vida es hacia arriba como el vuelo de las águilas. Es ascendente. Nunca hacia abajo. (Proverbios 15.24).

497

El hombre que persigue enterrar la grandeza del hombre, es un necio porque quiere enterrar lo más amado de Dios.

498

Si el hombre insiste en destruir al hombre, es que ignora la razón y los motivos de la creación de Dios. (Génesis 1.26).

499

Dios no puso al hombre en su escenario terrestre, sino hasta que hubo creado todo para él. ¿Por qué la ignorancia se encarga de repetir que hay que enterrar al hombre, sus metas y sus planes cuando Dios, de antemano, las escribió en su corazón?

500

Usa el talento para plantar semillas de crecimiento; cosas que engrandezcan tu corazón, y produzcan beneficios a otros.

501

No se desespere. Sólo aprenda a esperar, pues las cosas cambiarán. Vendrá algo mejor. Piense en grande. Crea en grande. Espere en grande. Su milagro llegará.

502

Cuenta, rigurosamente, lo que tienes. No pienses en lo que te hace falta o podrías tener. Piensa en lo que tienes. ¿Qué tal tu vida? ¿Podrías cifrar un valor? ¿Qué tal la experiencia acumulada de vivir? ¿Qué valor le atribuyes? ¿Qué hay de tu mente? ¿En cuánto se te ocurre valorar las maravillas de sus funciones, y los servicios que te presta sin cobrarte nada? ¿Aceptarías por ella un millón de dólares, dos o tres…cuánto? ¿Qué me dices de tus ojos o tus piernas o tus manos? ¿Qué de tu libertad de pensar, tu libertad de movimiento? ¿Qué de tus habilidades y talentos? ¿Y tus maestrías? ¿Explícame por qué te consideras pobre? Pobre es aquel hombre que no tiene ni siquiera un sueño. Tú eres dueño de incontables riquezas y generador de riqueza.

503

Eres mucho más rico de lo que aún no has podido imaginar. Y más aún eres un príncipe inscrito en el libro de un reino.

504

La paz y la alegría están dentro de ti. ¿Por qué quieres hacerlas depender de las circunstancias externas? Eres el milagro más extraordinario de todos los milagros. ¿Entiendes lo que eso significa?

505

De ti depende transmitir oscuridad o luz en la vida.

506

Los valores eternos son como las semillas de los milagros, siempre los mismos fundamentos, los mismos preceptos y los mismos frutos.

507

¿Alguna vez te has tomado el tiempo de conversar con tu corazón? ¿Has podido separarte del bullicio para adentrarte un poco en ti? ¿Has podido separar el maquillaje del verdadero rostro que sólo lo conoce la intimidad de tu yo?

508

La felicidad está en las cosas sencillas de la vida: el día, el sol, la luz y la vida que llama. Sal a nacer a un nuevo comienzo.

509

Para comprender a los hombres y ayudarlos, debes primero aprender a amarlos. Necesitas entrar en su sufrimiento y en su soledad; penetrar las lágrimas de su dolor, caminar sus enfermedades y soledades. Entonces, podrás abrazar, con tu corazón, sus corazones afligidos por las desgracias.

510

Si hay amor en ti, no necesitas nada más.

511

Levántate y vuelve a ser el dueño de tus sueños.

ஃ 512 ஃ

Al final del viaje, caerá la última semilla para morir, y volver a vivir en un reino inmortal.

513

Los frutos del Espíritu de Dios son las eternas semillas de milagros que ambicionan los hombres: amor, alegría, paz, paciencia, amabilidad, bondad, fidelidad, apacibilidad y dominio propio.

514

Sólo una vez el profeta de Galilea nos pidió que aprendiéramos de Él y lo hizo para decirnos: *"Aprended de mí que soy manso y humilde de corazón". (Mateo 11.29)*

515

"El que esté libre de pecado, que tire la primera piedra". (Juan 8.7)

516

Puedes dar aliento, comprensión, perdón; esperanza, un saludo o sólo una sonrisa.

517

Otros podrían detenerte temporalmente, pero usted es el único que se puede detener permanentemente –señala Zig Ziglar–.

518

El doctor Joyce Brothers ha manifestado lo siguiente: "Una fuerte y positiva imagen personal es la mejor preparación posible para el éxito en la vida".

519

El más grande de todos los fracasos en una persona, es que nunca intente hacer o lograr algo diferente.

520

El comienzo hacia la superación personal y el éxito, comienza por usted. Siempre ha sido así y siempre lo será.

521

Si eres capaz de cambiar tus pensamientos, podrás cambiar tu mundo.

522

Su vida ha sido diseñada para formarse de adentro hacia fuera. El principio es antiguo como eterno.

523

Las grandes metas requieren persistencia y pasión.

524

No mires las circunstancias; más bien, vive los sueños que llevas en tu corazón.

525

Alza tu mano autoritaria sobre el "Mar Rojo" de tus problemas. Éstos se apartarán como las sombras de la luz en el camino de un nuevo amanecer.

526

Si quieres ser águila, debes aprender a mirar lejos y esforzarte a volar alto; para sobrevolar las montañas de la adversidad.

527

Los árboles, para crecer, cambian su vestuario todos los años. La mariposa abandona su capullo, las aves salen de sus huevos, los niños abandonan el submarino de plata para seguir creciendo, y los hombres se despojan de su viejo ropaje.

528

Hay en ti, como en la naturaleza, una justa compensación de equilibrio, de ventajas y defectos. La naturaleza no aprueba los monopolios ni las potestades humanas que persiguen ser superiores al hombre.

529

Detente por un momento y piensa al observar el mundo. Mira esa interminable y diferente arquitectura, reflejando el poder de dos manos. El hombre con ellas, ha edificado todo lo que tus ojos pueden ver.

⸙ 530 ⸙

Requieres de orden y de un método para llegar a cualquier parte.

⸙ 531 ⸙

No vayas tan de prisa, que con paciencia, llegarás a todas partes. Concédete un momento y reflexiona. Desacelera el paso, y no te tomes a ti mismo demasiado en serio. Disfruta más la vida y ríe más. Dedícate a ser más tú y menos los demás. Entrégate más tiempo a ser feliz. No vayas tan de prisa; más bien, vive más.

⸙ 532 ⸙

Podemos ser más humanos para seguir creciendo. Podemos cuidar más las palabras para evitar la ofensa. Podemos sembrar más semillas de esperanza, de vida; más semillas de fe, de camino, de amor, y abrir los oídos del corazón más y más.

⸙ 533 ⸙

Salir adelante es mirar el día como un regalo que te espera. Es dar gracias a Dios por estar vivo y por poder incorporarte a los quehaceres de una nueva mañana. Es salir a la luz y caminar hacia un destino, consciente del privilegio de estar vivo. Es hacer algo útil y responsable con nuestra vida y nuestro tiempo. Salir adelante es avanzar de donde estás, con lo que tengas, hacia donde quieres estar; sin objetar lo que te hace falta o lo que necesitas para llegar. Es avanzar convencido de que cada paso, te acerca a tu destino. Caminar mirando las posibilidades encima de las dificultades. Seguir andando con la absoluta convicción de llegar al otro lado.

534

Si te dedicas a trabajar en lo que te gusta, te sentirás bien contigo mismo, y lograrás un rendimiento como el mejor. Te mostrarás orgulloso del trabajo y lo vas a realizar con el mayor entusiasmo y calidad; con más creatividad e imaginación. Esta práctica te especializa y te da autoridad, destreza y excelencia. Eso es el éxito.

535

Los pequeños detalles hablan el idioma del corazón.

536

Ser positivo es una decisión para vivir una vida mejor. Es mirar más allá de las circunstancias adversas... Es ir mucho más allá del quebranto, siguiendo la esperanza. Es esa convicción íntima de que todo cambiará. Es remontarse, como el águila, sobre la adversidad con ojos visionarios. Es fe en el corazón y la mente dispuesta.

537

Deja un sello de originalidad y de excelencia en lo que hagas.

538

El entusiasmo es la llama de fuego, donde flamea la vida. Es la combinación del ánimo, la creencia, la fe y la esperanza como la leña para avivar el fuego. Es, en definitiva, el mover de Dios mismo.

539

Inicia el día con el propósito de una meta para alcanzar, y concluirás un día con resultados.

540

Para llegar a cualquier parte, necesitas comenzar a caminar.

541

¿Cómo podrías llegar a un lugar que ni siquiera en sueños lo imaginas? Mantente atento hacia donde quieres ir, para que puedas dirigirte en esa dirección.

542

Hoy es la fecha de siembra; alégrate y ponte a trabajar. Ha llegado el momento de comenzar a edificar tu casa, tu negocio, tu familia, tu periódico, tu ministerio, tu carrera, tu vida, tu libro. Hoy es el día que, con tanta ilusión, has esperado. Anímate y comienza a trabajar. Adelante y ánimo...

...¡Es tiempo de empezar!

Es una guía de autoayuda y superación para encontrarse uno mismo y para automejorarnos. Es un llamado a la lucha por el desarrollo integral del ser humano y una invitación a confrontar las barreras de la adversidad con identidad y optimismo para romper las murallas que impidan alcanzar un nivel de vida superior en gozo y prosperidad. El autor llama a los hombres y mujeres "princesas y príncipes de Dios".

César Lacayo

lacayocesar@hotmail.com
P.O. Box 441806
Miami, FL 33144
www.cesarlacayo.com

LLENA EL CUPÓN DE LA ÚLTIMA PÁGINA Y ADQUIÉRELO

Es una obra de sugerencias y exhortaciones enfocadas al desarrollo del potencial humano. Un viaje hacia la salud mental, la sanidad interior, y una abierta invitación a renovar el pensamiento. Es una iniciativa poética motivacional que señala un camino hacia el poder transformador que hay en cada ser humano. Un mensaje para ser tú y mostrar el árbol y el fruto que hay en ti.

César Lacayo

---

lacayocesar@hotmail.com
P.O. Box 441806
Miami, FL 33144
www.cesarlacayo.com

LLENA EL CUPÓN DE LA ÚLTIMA PÁGINA Y ADQUIÉRELO

En esta obra el poeta clama por una nueva Nicaragua y construye sus versos desde la rememoranza de un pasado que desea nunca más retorne... se acerca espiritualmente a la tierra de sus padres y funda su obra en la historia social, política y cultural de su país de nacimiento y propone aquello que por siglos la humanidad ha anhelado y atesorado: paz, justicia y dignidad. Para Nicaragua y los nicaragüenses existe hoy «Canto de amor a un país».

César Lacayo

lacayocesar@hotmail.com
P.O. Box 441806
Miami, FL 33144
www.cesarlacayo.com

LLENA EL CUPÓN DE LA ÚLTIMA PÁGINA Y ADQUIÉRELO

ctitud es "el yo secreto de tu verdadero yo". La más viva expresión de tu estado emocional. Es la que te levanta o te derrumba. Tu amiga o enemiga. Está alimentada de experiencias emocionales y pasado. Es el retrato de tu interior expresado exteriormente en los actos.

Determina el enfoque de la vida. Termómetro de las relaciones humanas. Hace la diferencia entre la esperanza y la desesperanza, el ánimo o el desánimo. Es la principal responsable entre el éxito y el fracaso. Todo está potencialmente contagiado por el poder de ésta palabra de siete letras: ACTITUD.

César Lacayo

lacayocesar@hotmail.com
P.O. Box 441806
Miami, FL 33144
www.cesarlacayo.com

LIBROS DE MOTIVACION Y DESAROLLO DEL POTENCIAL HUMANO

Por César Lacayo

CÉSAR LACAYO

Presidente del Club de Leones Miami Managua (2008-2010) y fundador del Círculo de Escritores y Poetas Iberoamericanos (CEPI) de la Florida. Incorporado como Miembro de Honor del Instituto de Cultura Hispana de los Estados Unidos "por su meritoria labor en pro de la cultura hispánica" y galardonado con el Premio "León Dorado 2009", por "méritos humanitarios, culturales, cívicos, educativos y trabajos extraordinarios en beneficio del prestigio y seguridad de la comunidad."

Nicaragüense-americano, poeta, conferencista y autor motivacional. Estudió literatura en el Herbert H. Lehman College, New York University, y periodismo en la Universidad de Miami. Autor de Los Treinta y Tres Poemas, Retrato de un País Cautivo, Canto Nacional por la Paz, Canto Cósmico, y Semillas para el Alma. Como autor motivacional ha publicado en Estados Unidos: La Actitud Más Influyente del Mundo, La Actitud de un Millón de Dólares, Atrévete a Vivir, Para Nacer Has Nacido, Hacia el Triunfo, Las Semillas del Éxito, y Canto de Amor a un País; y su más reciente obra en audio y libro musical: El Manuscrito de Dios.

CUPÓN DE PEDIDO

Envíeme por favor los libros señalados en este cupón, para lo cual estoy adjuntando el pago correspondiente tal como se detalla a continuación.

NOMBRE ____________________

DIRECCION ____________________

____

Las Semillas del Éxito	☐	US$ 9.95
Hacia el Triunfo	☐	US$ 9.95
Para Nacer Has Nacido	☐	US$ 9.95
La Actitud Más Influyente del Mundo	☐	US$19.95
La Actitud de un Millón de Dólares	☐	US$ 9.95
El Manuscrito de Dios	☐	US$24.95 AUDIO (1 hora, 50 Min. y Libro)

SUMA INCLUIDA

US$

AGREGUE COSTO DE ENVIO

Por favor envíe cheque o money order a
César Lacayo, P.O. Box 441806, Miami, FL 33144
lacayocesar@hotmail.com

COSTO DE ENVIO
Primer Libro US3.00
Siguientes Libros US2.00 c/u

www.ingramcontent.com/pod-product-compliance
Lightning Source LLC
La Vergne TN
LVHW050552160826
845677LV00011B/2279

* 9 7 8 9 5 8 8 2 8 5 4 6 7 *